Individueller Innenausbau mit Möbeln

Johannes Kottjé

Individueller Innenausbau mit Möbeln

Gesamtkonzepte
vom Eingang bis zum Dachgeschoss

Deutsche Verlags-Anstalt

Abbildung S. 2: K+W Fotografie

MIX
Papier aus verantwortungsvollen Quellen
FSC® C012425

Das für dieses Buch verwendete FSC®-zertifizierte Papier *Profisilk* liefert Sappi, Alfeld.

1. Auflage

Layout und Satz: Rainald Schwarz, München
Lithografie: Helio Repro, München
Druck und Bindung: Offizin Andersen Nexö Leipzig
Printed in Germany

ISBN 978-3-421-03886-9

www.dva.de

Inhalt

Einführung

Seit jeher wird das Ambiente von Wohnräumen ganz wesentlich durch ihr Mobiliar und ihren Innenausbau bestimmt. Im Unterschied zu Bildern, Skulpturen oder anderen rein gestalterischen Ausstattungsstücken übernehmen Möbel eine Funktion. Mehr noch: Oft erhält ein Raum seine Funktion überhaupt erst durch das Mobiliar – was wäre ein Esszimmer ohne Tisch und Stühle, ein Schlafzimmer ohne Bett?

Was liegt daher näher als eine gemeinsame Planung von Raum und Mobiliar oder zumindest eine auf vorhandene Räumlichkeiten individuell zugeschnittene Möblierung? Neben hoher gestalterischer Qualität und einem besonders harmonischen Ambiente lassen sich hierdurch auch funktionale und ergonomische Vorteile gegenüber Möbeln »von der Stange« erzielen.

Dass Möbel speziell für einen bestimmten Raum oder ein bestimmtes Haus angefertigt werden, ist keine Erfindung unserer Zeit. Noch heute finden sich in manchen aus dem Mittelalter erhaltenen Gebäuden bauzeitliche Einbauschränke, Regale in Wandnischen oder Sitzbänke in Erkern. Gestalterisch besonders gut in die Architektur integrierte Möbel entstanden in Epochen, in denen Ornamentik von besonderer Bedeutung war, etwa zur Zeit des Barock. Geändert haben sich allerdings die Hintergründe: So war es früher Standard und noch bis in die zweite Hälfte des 20. Jahrhunderts hinein durchaus gebräuchlich, Möbel handwerklich vom Schreiner anfertigen zu lassen. In der Regel war es daher kein Mehraufwand, Stücke an den jeweiligen Raum anzupassen. Begriffe wie Design und Ergonomie waren noch unbekannt, doch aus einem natürlichen Verständnis für Proportionen und menschlichen Maßstab sowie aus der Funktion heraus entstanden oft Zeugnisse hoher Handwerkskunst, die ihre Zeitlosigkeit teilweise noch nach Jahrhunderten beweisen.

Heute ist das Verständnis oft ein anderes, und Möbel gelten als relativ kurzlebige Gebrauchsgegenstände, die auszutauschen sind, wenn sich die Mode ändert – ein krasser Gegensatz zum immer wichtigeren Ziel, Ressourcen zu schonen!

Gerade bei derart hochwertigen Möbeln wie individuell für bestimmte Räume entworfenen Stücken sollten Bauherren wie Gestalter Mut zur Souveränität aufbringen und sich von Modediktaten befreien. Wirklich gute Entwürfe verlieren auch dann nicht an Qualität, wenn sie nicht mehr dem entsprechen, was in aktuellen Wohnzeitschriften zu sehen ist! Aus einer solchen Einstellung resultiert natürlich auch die Entscheidung für eine handwerklich hohe Qualität.

Die in diesem Buch vorgestellten Möbelentwürfe bringen gestalterisch wie handwerklich beste Voraussetzungen mit, als fester Bestandteil der Architektur ihrer Häuser und Wohnungen die heute übliche Gebrauchsdauer von Möbeln um ein Vielfaches zu überdauern.

Untergeordnet, eingeordnet, übergeordnet – Möbelkonzepte und ihr Bezug zur Gebäudearchitektur

Werden Möbel individuell für bestimmte Räume entworfen, muss ihre Gestaltung auch in Beziehung zur Architektur des jeweiligen Gebäudes gesehen werden. Oft wird dabei die hier nur unzureichende Frage gestellt: Passt das Möbel gestalterisch in diesen Raum? Dabei müssen hier – wie eigentlich auch bei Möbeln »von der Stange« – viel weitergehende Fragen berücksichtigt werden: Wie korrespondiert das Möbel mit dem Raum? Und: Welche Auswirkungen hat es auf das Raumambiente? Sind diese Fragen schon bei einzelnen individuellen Möbeln von Bedeutung, so sind sie es umso mehr bei durchgängigen Ausbaukonzepten wie den in diesem Buch vorgestellten.

Diese gestalterische Beziehung zwischen Raum und Möbeln lässt sich in drei Kategorien einteilen:

Unterordnung: In einem gestalterisch dominanten Raum wird ein Möbel möglichst dezent integriert. Der Entwurf zielt nicht darauf ab, hervorzustechen, sondern sich weitestmöglich zurückzunehmen, um dem Raum möglichst viel von seiner Eigenwirkung zu lassen. Diese muss sich nicht notwendigerweise aus markanten oder unkonventionellen Details ergeben, sondern kann beispielsweise auch in besonders harmonischen Raumproportionen oder bewusster gestalterischer Ruhe liegen.

Die Kunst beim Entwurf von Möbeln dieser Kategorie liegt oft darin, die Gestaltung trotz des Verzichts auf vordergründig besondere Merkmale nicht ins Banale abgleiten zu lassen. Doch gerade hierin liegt ein großer Vorteil, wenn man sich für individuelle Möbelentwürfe entscheidet. Das Verdienst des Planers ist dann umso größer anzusehen, je unauffälliger seine Möbel erscheinen, denn in einem Raum, dessen Eigenwirkung es sich zu erhalten lohnt, träte auch Banales hervor.

Das Besondere dieser Maisonettewohnung ist, wie es hier mithilfe weniger Einbaumöbel gelang, das Gefühl noch wesentlich größerer, durchgängiger Räume zu erzielen. Dies geschieht auf subtile Weise: Einerseits ähneln die glatten weißen Möbelfronten den Wand- und Deckenoberflächen und werden kaum bewusst bemerkt. Andererseits nimmt man eher unbewusst wahr, dass es sich hier um Möbel handelt und assoziiert damit jederzeitige Verschiebbarkeit. Das erste dieser Möbel umfasst die Treppe und nutzt den Raum darunter für verschiedene Möbelkorpusse als Stauräume. Als Brüstung mit eingelassenem, per LED-Band indirekt beleuchtetem Handlauf zieht sich das Möbel bis ins Obergeschoss, wo es als Absturzsicherung dient. Die Fronten des Hochschranks an der Rückseite der Küche gleichen in ihrer Oberfläche dem Treppenmöbel, werden aber noch mehr als Wand wahrgenommen. Das dritte Möbel stellt rein konstruktiv betrachtet lediglich die zweiseitige Umbauung der Dusche mit mehreren Schrankelementen dar. Durch die Detailausführung wirkt es jedoch wie ein vielschichtiges Möbelvolumen mit integrierter Dusche, das den vermeintlichen Gesamtraum in Ankleide- und Schlafbereich sowie das Bad unterteilt. Auch hier erhält der Raum Leichtigkeit und Großzügigkeit durch das nur eingestellt wirkende Möbel.

Entwurf: Unterlandstättner Architekten
Fotografien: Christine Dempf

Einordnung: Insbesondere wenn Möbel im Zuge eines Neubaus oder eines grundlegenden Umbaus entworfen werden, bietet sich die Möglichkeit, Raum und Möbel regelrecht verschmelzen zu lassen und ein besonders harmonisches Gesamtkonzept zu entwickeln. Die Möbel werden hierbei im Idealfall von Beginn an in die Raum- und Grundrissplanung mit einbezogen und ersetzen unter Umständen nicht tragende Bauteile. Die Anordnung tragender Elemente der Gebäudekonstruktion berücksichtigt von Beginn an das Mobiliar. Ein klassisches Beispiel hierfür sind Wandnischen zur Aufnahme von Einbauschränken, deren Oberflächen bündig mit den anschließenden Wänden verlaufen. Zwar lässt sich ein ähnlicher Effekt oft auch mit nachträglich eingefügten Einbauten erzielen, doch zum einen richtet sich dann das Volumen des Möbels nach dem zur Verfügung stehenden Raum, und es muss unter Umständen mit Blenden oder anderen gestalterischen Tricks gearbeitet werden. Zum anderen wird ein Raum, dem ein Einbaumöbel nachträglich implantiert wird, in seinen Proportionen verändert. Dagegen bleibt ein Raum, für den von Beginn an die Oberfläche eines Möbels als Teil der raumumschließenden Fläche vorgesehen war und für den eingestellte Möbel kaum nötig sind, immer in seiner ursprünglichen Gestalt erlebbar. Ein weiterer Unterschied besteht in der Regel darin, dass sich ein erst später eingefügtes Stück wieder entfernen lässt, während ein den Raum bereits in seiner Urfassung prägendes Möbel meist eine »offene Wunde« hinterlässt. Der Planer, der Raum und Möbel in einem Zug entwirft, hat also viel größeren Einfluss auf – und somit auch viel höhere Verantwortung für – das Ambiente des Raums. Dieser Entwurfsweg bietet viele gestalterische Chancen und ermöglicht in besonderem Maße harmonische Räume, er bietet aber auch Risiken und führt in der Regel zu erschwerter Veränderbarkeit.

Aneinandergebaut mit zwei weiteren Häusern, findet sich das Haus aus den 1960er-Jahren inmitten einer gewachsenen Villenstruktur. Durch Ausbau des Dachgeschosses – unter Öffnung der Walme zu Giebeln – entstand die klassische Aufteilung »unten wohnen, oben schlafen«. Im Erdgeschoss bilden Küche, Essplatz, Kaminbereich und Wohnen heute eine längsorientierte, ganzheitliche Raumstruktur mit großer Transparenz zum privaten Garten. Unter eine neue Holzbekleidung der Decke wurde hier die ebenfalls holzsichtige Küche eingefügt: Die Fronten der Schränke und die dominierende Sitzgarnitur aus Tisch und Bänken sind einheitlich mit Eiche furniert. Im weiß gehaltenen Wohnraum passen sich auch die Oberflächen des Kaminmöbels und des Sideboards an, die Möbel fügen sich fließend ein. Die offene Ablage des Sideboards setzt Proportionen und Materialität des Kamineinschnitts jenseits des Durchgangs zum Flur fort – eine Durchgängigkeit, die optische Weite schafft. Auch diverse Regale und Schränke im Dachgeschoss bilden mit der Architektur des Hauses eine Einheit – mal farblich homogen, mal akzentuierend.

Entwurf: GASSNER & ZARECKY
Fotografien: Andreas Kellner

Überordnung: Möbel, gleich ob individuell entworfen oder »Massenware«, gleich ob eingebaut oder frei stehend, können von derart großer gestalterischer Kraft sein, dass sie als Einzelstück oder im Ensemble den Raum dominieren. Dies kann von Vorteil sein und wird oft bewusst angewandt, wenn hierdurch banale Räume oder Raumgefüge eine hochwertige Prägung erfahren. Auch diesen Entwurfsansatz verfolgen mehrere der in diesem Buch vorgestellten Projekte. Die ursprüngliche innenräumliche Qualität der betreffenden Wohnungen und Häuser war dabei vor dem Ausbau mit Möbeln nicht zwangsläufig schlecht – doch durch den Ausbau wurde sie prägnanter, deutlich hochwertiger und harmonischer.

Angepasst an die Großzügigkeit der Räume fiel deren Ausstattung mit individuellem Mobiliar aus. Wenige, doch großformatige Stücke bestimmen das Bild: zunächst ein überwiegend in die Wand integrierter Hi-Fi-Schrank, in dessen glatte, weiße Front bündig ein Fernseher eingelassen ist. In dem aus der Wand hervorstehenden Bereich wird er von einem schmalen, rot lackierten Band umrahmt, unterseitig sorgt eine Leuchtstoffröhre für indirekte Beleuchtung. Insgesamt ähnelt das scheinbar flach vor der and hängende Möbel einem großformatigen Bildnis – wenngleich einem sehr abstrakten. An der im Winkel zum Hi-Fi-Möbel stehenden Raumseite führen linker Hand zwei Stufen zur Schnittstelle der Erdgeschossräume. Die rechte Seite nimmt auf ganzer Höhe und Breite ein Kaminmöbel ein, zumindest scheint es so. Dessen Basis bildet eine mit hellem Naturstein bekleidete Bank in Fortführung des Ebenenversprungs im Fußboden. Eine weiß verputzte Fläche zwischen Kamin und anschließendem Regal verbirgt zum Teil den Kaminzug und fasst außerdem die einzelnen Elemente dieser Raumseite zu einem großteiligen Möbel zusammen. Gegenüber befindet sich das Esszimmer mit puristisch-kantigem Eichenholztisch. Unauffällig in einen Wandversprung eingefügt ist hier ein wiederum weiß lackiertes Sideboard, das durch die hinter ihm aufgehende braune Wand und einen beleuchteten Deckenausschnitt über seiner Grundfläche optisch deutlich vergrößert wird.

Entwurf: Berschneider + Berschneider
Fotografien: Erich Spahn

Viele Projekte lassen sich nicht eindeutig einer dieser Kategorien zuordnen, sondern weisen Aspekte aus mindestens zweien davon auf. Dies trifft etwa zu, wenn Räume einerseits durch den Ausbau mit Möbeln eine völlig neue Gestalt, ein markantes, spannendes oder harmonisches Ambiente erhalten, sich das Mobiliar jedoch durch seine Ausformung von Details und Oberflächen so dezent in den Hintergrund stellt.

In dieses historische Wohnhaus sind Möbel aller drei Kategorien integriert, und manch ein Stück, das sich nicht eindeutig zuordnen lässt. Besonders dezent gibt sich die Regalausstattung der Bibliothek, die dem markanten Parkett und dem bunten Bild der Buchrücken den Vortritt lässt. Das Kinderzimmer wird von einem Bett bestimmt, das in eine halbhohe Schrankwand eingefügt ist. Indirekte Beleuchtungen akzentuieren das Möbel zusätzlich. Der Einbauschrank im zweiten Kinderzimmer rahmt eine klassische Tür. Einerseits nimmt er sich mit seinen homogenen, dunklen Fronten diskret zurück, andererseits erlangt er als Kontrast eine große gestalterische Bedeutung. Esstisch, Schreibtisch und Wohnraum-Sideboard gehören klar zur Kategorie »Einordnung«. Trotz ihres modernen Designs verschmelzen sie harmonisch mit der Architektur.

Entwurf: Holzrausch
Fotografien: K+W Fotografie
(siehe auch S. 16/17)

SPALDING

Puristisch-rustikaler Innenausbau in einem Hanghaus mit Alpenblick

Wohnraummöbel // Beistelltischchen // Esstisch mit Sitzbank // **Küchenschrank** // Küchenblock // Flurschrank // Garderobenschränke // Ankleide // **Badmöbel** // Waschtische

Entwurf: architektur + raum, Thorsten Leekes // Ausführung: OH! Oskar Hoffmann Bau- und Möbelschreinerei

Für ihr Grundstück in einem kleinen Ort im Allgäu wünschte sich die vierköpfige Familie ein großzügiges Wohnhaus in moderner Architektur, das sich zum grandiosen Alpenpanorama hin öffnet, dabei aber trotz der exponierten Hanglage Schutz vor Wind und talseitigen Einblicken bietet. Das Haus folgt als Stapelung unterschiedlicher Kuben auf drei Ebenen der Topografie, um aufwendige Eingriffe in den felsigen Grund soweit wie möglich zu vermeiden. So verfügt das Untergeschoss nur über eine relativ geringe Tiefe und steht talseits komplett oberirdisch. Hier befindet sich – neben der Doppelgarage und den Kellerräumen – auch der Hauszugang samt zweigeschossigem Entree mit Treppe ins darüberliegende Wohngeschoss. Dessen L-förmiger Grundriss verknüpft das Unter- mit dem versetzt dazu stehenden Obergeschoss und rahmt zweiseitig einen großzügigen Terrassenhof mit Wasserbecken. Der Hof setzt den dezent in die Bereiche Kochen, Essen, Wohnen zonierten Allraum niveaugleich nach außen fort, bietet jedoch zur Straße hin durch den Höhenunterschied von einem Geschoss einen gewissen Schutz der Privatsphäre. Vom Essplatz aus gelangt man in einen vielseitig nutzbaren Raum, der derzeit als Spiel-, Arbeits- und Gästezimmer dient.

Im Obergeschoss reihen sich hinter einer ebenfalls zum Bergpanorama hin geöffneten Loggia die beiden Kinderzimmer, das Schlafzimmer und das großzügige Elternbad mit Sauna. Für die Kinder gibt es ein eigenes Bad. Das Dach, das die Loggia überkragt, sorgt für eine ausreichende Verschattung der Glasfassade der Schlafräume. Für den darunterliegenden Wohnbereich gewährleistet dies die Loggia.

Trotz seiner modernen, puristischen Form nimmt das Äußere des Hauses mit Satteldach, weiß verputztem Wohngeschoss und mit Holzschindeln bekleidetem Obergeschoss Bezug auf die traditionelle regionale Wohnhausarchitektur.

Der Innenausbau

Auch das Innere wird geprägt von der Kombination weiß verputzter und hölzerner Oberflächen. So durchzieht eine breite Treppe in Eiche das gesamte Entree, deren geschlossene Brüstung mit der Galeriebrüstung im Obergeschoss und der darunter nahtlos anschließenden Front des Garderobenschranks eine Einheit bildet. Die mit Starkholzfurnier versehenen Dreischichtplatten vermitteln den Eindruck von zugleich rustikalem wie edlem Massivholz. Kreisrunde Eingrifflöcher dienen zum Aufziehen der Schranktüren.

Im Obergeschoss, entlang dem Gang von der Galerie zur Toilette, befindet sich ein weiterer, identisch gestalteter Schrank. Auch die Hochschränke der Küche, durchgängig an einer Wand angeordnet, verfügen über Fronten aus Eichenfurnier. Öffnen lassen sie sich über als Eingriffsleisten ausgebildete horizontale Fugen. Jede der Fronten wurde identisch behandelt, gleich ob sie die Spülmaschine, den Kühlschrank oder den – derzeit nur vorgerüsteten – Speisenaufzug in den Vorratsraum im Untergeschoss verbirgt. Die mit Abstand zum Boden schwebend aufgehängte Küchenzeile entlang dem Fenster, die den Spültisch beinhaltet, und der ungewöhnlich große Küchenblock im Zentrum des Raums haben wieder weiße Oberflächen: Die Fronten der Schubladen wurden aus MDF-Platten gefertigt und weiß lackiert, die Arbeitsplatten und die Frühstückstheke, die mit dem Küchenblock eine Einheit bildet, aus identisch weißem Mineralwerkstoff gefertigt.

Zwischen Küche und Essplatz führt die Treppe, die Materialität und Gestaltung der Eingangstreppe aufgreift, ins Obergeschoss. Auch am Esstisch findet sich das Material wieder: Eine blockhafte, wandhängende Sitzbank aus Eiche scheint die Sichtbetonscheibe zum Wohnraum hin zu durchstoßen, wo sie als niedriges Sideboard unterhalb des Fernsehers dient. In Form von kleinen, C-förmigen Ablagetischchen nimmt auch die Sitzgruppe das rustikal-edle Holz auf.

Obergeschoss

Erdgeschoss

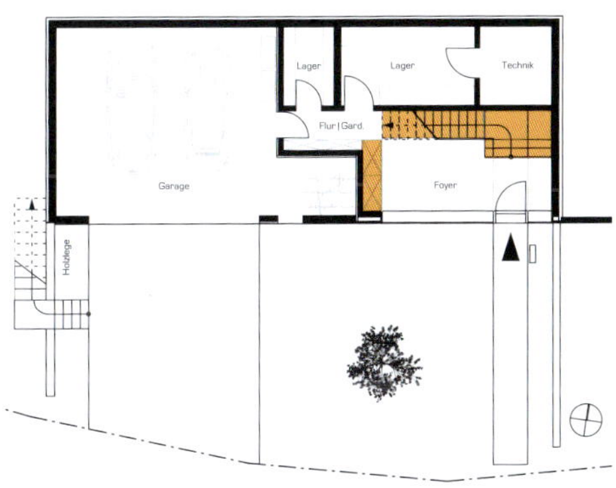

Hanggeschoss

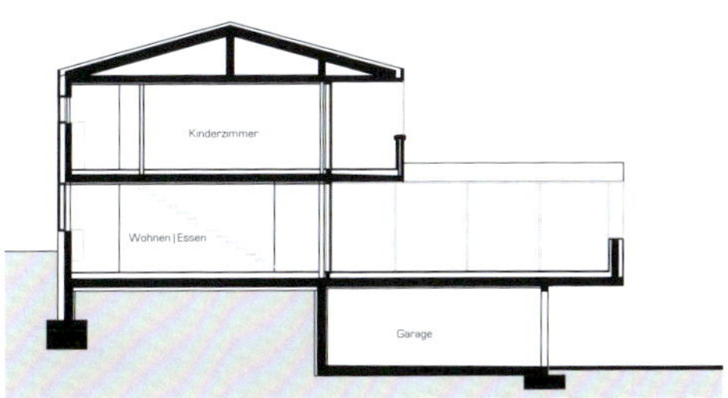

Schnitt

Das Haus folgt als Stapelung unterschiedlicher Kuben auf drei Ebenen dem Verlauf des Hanggrundstücks. Nach Süden voll verglast, sind die Räume von außen aufgrund des Geländeversprungs und der geschlossenen Brüstungen von Terrassenhof und Loggia kaum einsehbar.

Das längste Möbel des Hauses, das Wohnzimmermöbel, verläuft unter einem Fensterband, das sich vom übereck verglasten Kamin bis zur Rückwand des Spiel- und Gästezimmers durchzieht. Komplett aus weiß lackierten MDF-Platten gefertigt, bildet es eine durchgängige Rückwand, an der Kuben mit quadratischen Fronten in zwei unterschiedlichen Größen scheinbar willkürlich angeordnet sind. So entstanden, ergänzend zu den Staufächern im Inneren, auf der Oberseite und in Einschnitten unterschiedlicher Größe diverse Ablage- und Stellmöglichkeiten für Fotos, Blumen und Bücher. An seinem hinteren Ende geht das Möbel über in eine die gesamte Raumseite einnehmende Schrankwand, wiederum mit weißen Fronten.

Ebenfalls ganz in Weiß gehalten ist ein halbhoher Schrank, der entlang dem Erschließungsgang im Obergeschoss durchläuft. Auch dieser wird von einem Fensterband begleitet. Rechter Hand führt der Gang in die dem Elternschlafzimmer vorgelagerte Ankleide, in der auf drei Seiten raumhohe Schränke mit gängiger Innenaufteilung angeordnet sind. Die raumhohen Fronten mit den schon bekannten runden Eingriffslöchern sind auf den beiden gegenüberliegenden Seiten weiß lackiert, auf der Seite gegenüber der Zimmertür vollflächig verspiegelt.

Interessant sind auch die Waschtische in den drei Bädern und Toiletten: Im Elternbad wurde ein aus weißem Mineralwerkstoff gefertigter Kubus leicht überhängend auf den Rand der mit Schiefer bekleideten Badewannenumbauung aufgesetzt. Er beinhaltet unterhalb der beiden Waschbecken Staufächer und links davon, hinter einer identischen Klappe, einen Wäscheabwurfschacht in den Hauswirtschaftsraum hinter der Küche. Oberhalb des Waschtischs »schwebt« ein beleuchteter Spiegelschrank, der weit auskragend nur einseitig an der Wand aufgehängt ist – in seinem Inneren getragen von einem massiven Stahlprofil. Seine freie Stirnseite wurde mit einem Dickfurnier belegt, das den Querschnitt eines Baumstamms wiedergibt und sogar typische Schwindrisse aufweist. So stilisiert der Spiegelschrank einen aus der Wand herauskragenden, massiven Balken.

Für die Gästetoilette entwarfen die Planer einen Eichenholzwaschtisch mit eingelassenem flachem weißem Becken, der die Glasabtrennung zum WC zu durchstoßen scheint und dort ein Ablagefach für Toilettenpapier beinhaltet. Das Motiv des Durchstoßens einer Glasscheibe findet sich auch im Kinderbad: Hier scheint der massive, mit Glasmosaik belegte Tisch durch die Duschabtrennung zu laufen und dient so in der Dusche als Ablage für Seife und Shampoo.

Fotografien: Hermann Rupp
(alle außer S. 20 r., 21 l., 24–26 l.: Autor)

Im zweigeschossigen Eingangsbereich geht die geschlossene Treppen- und Galeriebrüstung nahtlos in die Front des Garderobenschranks über; so entstand eine gestalterische Einheit, die den Raum dreiseitig harmonisch fasst.

rechts oben und unten: Der hölzerne Waschtisch in der Gästetoilette scheint die Glastrennwand zu durchdringen und bietet dezenten Stauraum für Toilettenpapier. Beim gemauerten Doppelwaschtisch im Kinderbad setzt sich dieses Motiv fort: Hier entstand eine Seifenablage in der Duschkabine.

unten links: Die raumhohen Fronten der Ankleide im Elternschlafzimmer sind zweiseitig weiß lackiert und an der Schmalseite vollflächig verspiegelt, wodurch der kleine Raum eine Art Sogwirkung entfaltet.

Der Wohnraum wird durch eine frei stehende Sichtbetonwand zoniert. Die Treppe ins Obergeschoss wurde der Eingangstreppe entsprechend gestaltet. Ganz rechts im Bild das pfiffige Wohnraummöbel (siehe Seite 24/25). Auch hier fassen die überwiegend individuell entworfenen Möbel, einschließlich der Sichtbeton-Kaminbank, den Raum.

Das Motiv eines wanddurchdringenden Kleinmöbels findet sich nicht nur in den Bädern, sondern auch im Wohnraum. Dort wird die zum ebenfalls individuell entworfenen Esstisch gehörende blockhafte Sitzbank auf der anderen Seite der Sichtbetonscheibe als niedriges, wandhängendes Sideboard fortgeführt. Die kleinen Beistelltische vor dem Sofa greifen die Materialität der Eichenholzmöbel auf.

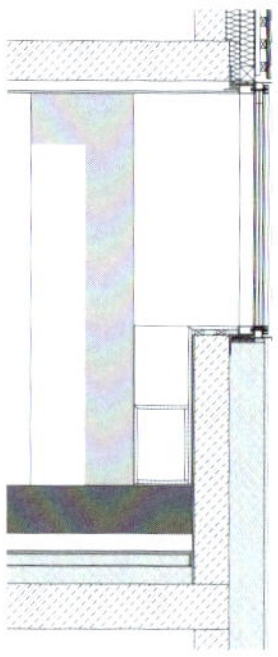

Vertikalschnitt

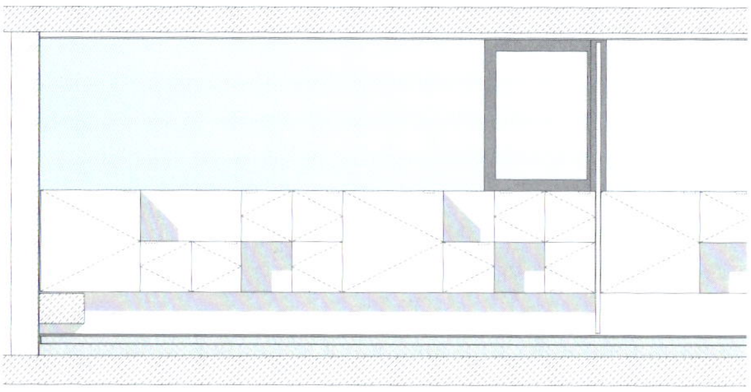

Teilansicht

Wohnraummöbel

Das Wohnraummöbel beginnt an der Holzlege des Kamins und zieht sich unter dem Fensterband entlang bis zum Ende des multifunktionalen Nebenraums, wo es in eine Schrankwand an dessen Schmalseite mündet. Die raumhohe Schiebetür zum Nebenraum durchtrennt bei Bedarf auch das Möbel. Dieses setzt sich zusammen aus Kuben in zwei Formaten, die mit scheinbar willkürlich angeordneten Lücken an der Rückwand aufgereiht sind. Die über Eingriffe öffenbaren Fronten sind auf Gehrung gefertigt.

Korpusse und Fronten: MDF-Platte, 19 mm, Kanten auf Gehrung gefertigt, DD-Lack
Maße (l x h x t in cm): 1190/88/34

Küchenschrank

Der Küchenschrank mit Eiche-furnierten Fronten reicht vom Boden bis zur Decke und bildet ein »massives« Element, ein Rückgrat für die beiden anderen, leicht wirkenden weißen Küchenmöbel. Hinter den identisch erscheinenden glatten Fronten mit Eingrifffugen verbergen sich unterschiedliche Funktionen, auch die Geschirrspülmaschine ist hier untergebracht. Ein offener Bereich dient als kleine Anrichte und als Standplatz für die Kaffeemaschine – weiß hinterlegt und indirekt beleuchtet verhindert er eine zu wuchtige Wirkung der Schrankwand.

Korpusse und Fronten: Holzwerkstoffplatte, 19 mm, Eichenfurnier, geölt
Maße (l x h x t in cm): 615/250/65

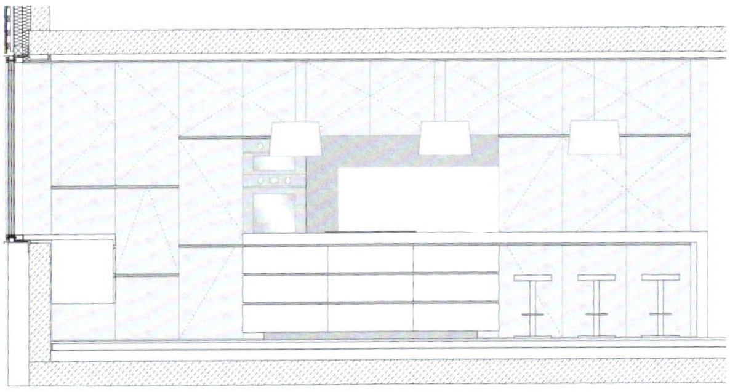

Ansicht

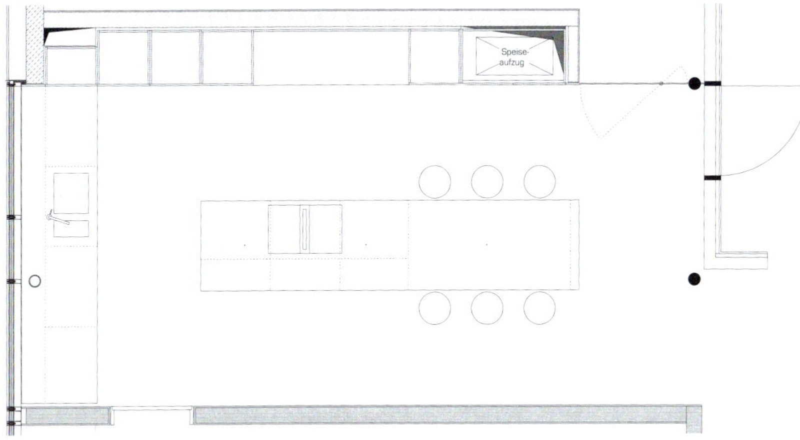

Horizontalschnitt Hochschrank mit Aufsicht Arbeitszeile und Küchenblock

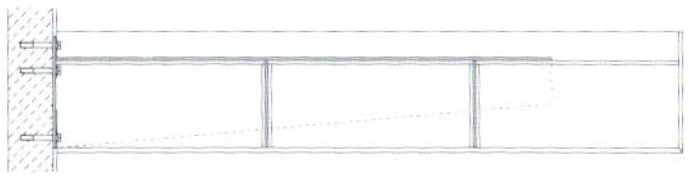

Schnitt Oberschrank

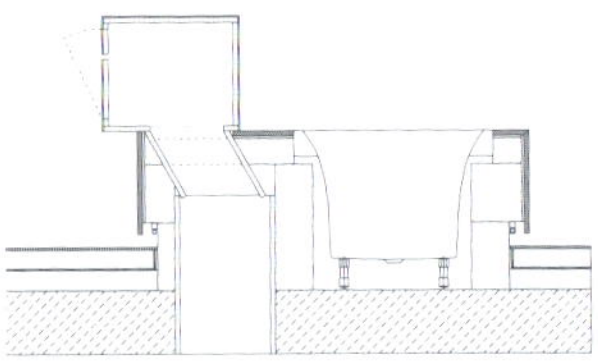

Schnitt Waschtisch und Wanne

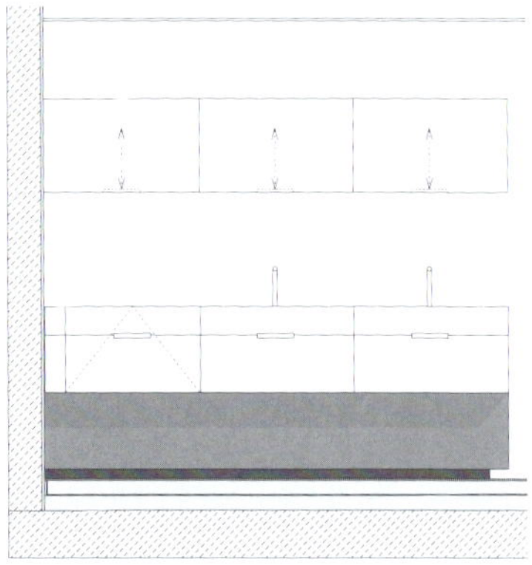

Ansicht

Badmöbel

Grafisch gibt sich das Badmöbel: als flacher, ausladender Kubus im Schiefergrau des Bodens, mit eingelassener, rechteckiger Wanne. Seitlich leicht überstehend ist darauf ein Riegel mit zwei Waschtischen in kontrastierendem Weiß aufgesetzt, darüber scheint ein »Holzbalken« als Oberschrank aus der Wand zu schießen. Die Wuchtigkeit des Arrangements wird durch die scheinbar lose Stapelung der Elemente und den schwebenden Charakter des Oberschranks teilweise wieder aufgelöst.

Waschtisch
Korpus: MDF-Platte, 19 mm, DD-Lack
Fronten: Holzwerkstoffplatte, 19 mm, Mineralwerkstoff, 12 mm
Maße (l x h x t in cm): 250/45/52

Oberschrank
Korpus: Holzwerkstoffplatte, 19 mm, Eichenfurnier, geölt
Fronten: Holzwerkstoffplatte, 19 mm, Spiegelverglasung, 9 mm
Maße (l x h x t in cm): 250/50/25
Badewannensockel: umlaufender Mauersockel, Bekleidung Schiefer, 12 mm
Maße (l x h x t in cm): 250/45/155

Verschmelzen von Architektur und Mobiliar in einem Haus für zwei

Kamin-Fernseh-Möbel // Sideboard // Garderoben- und Vorratsschrank // Sitzbank mit Kommode // Schreibtisch // Badmöbel // Waschtisch

Entwurf: Berschneider+Berschneider Architekten + Innenarchitekten // Ausführung: Schreinerei Streb

Der puristische Satteldachbau hat rahmenlose Fenster, in die Öffnungsflügel mit Holzrahmen eingesetzt wurden.

Sei es beim Essen, in der Kunst oder der Musik: In allen sinnlich wahrnehmbaren Bereichen schadet Überreizung und sorgt für Oberflächlichkeit – alles verschwimmt, faszinierende Details gehen unter – nicht anders beim Wohnen.

Ein Paar im Fränkischen und seine Architekten wollten diesen Effekt vermeiden, stand doch ein Grundstück zur Verfügung, das unmittelbar an weite Felder und aufgehende Höhenzüge grenzt. Aus diesem Wunsch heraus entstand das hier gezeigte Haus. Formal ein harmonisch proportionierter, aber relativ konventioneller Satteldachbau, der sich in das dörfliche Bild einfügt, setzt er sich durch seine puristische Ausführungen im Detail ab: etwa durch den fehlenden Dachüberstand oder durch eingeputzte, rahmenlose Fenster mit eingefügten Öffnungsflügeln in Eiche, die wie Rahmen für das außenseitige Schauspiel wirken und die Natur noch intensiver ins Haus holen.

Im Inneren findet man luftige, offene Räume, die ohne Abschottungen ineinander verwoben sind. Das minimalistische Ambiente steht dabei im Kontrast zu Landschaft und Himmel, die dank der in unterschiedlichen Formaten ausgeführten Fenster überall im Haus hautnah zu erleben sind.

Erzielt wird die klare Atmosphäre insbesondere über ruhige, durchgängige Oberflächen in schlichten Materialien: fugenloser Spachtelboden, weiße Wände und Deckenuntersichten, Akzente nur in Anthrazit, Weiß und Eichenholz – für üppige Farbgestaltung sorgt die Natur.

Ein Raumkontinuum aus Küche, Sitzecke und zentralem, großem Essplatz bestimmt das Erdgeschoss. Über eine blickdurchlässige Treppe geht es vom Essplatz aus ins Obergeschoss, wo eine Galerie das Schlafzimmer mit vorgelagerter Ankleide, das Bad mit Sauna sowie das Sportzimmer erschließt. Bis unter den Dachspitz reichend, ist die Galerie ein luftiger, lichtdurchfluteter Raum mit Aufenthaltsqualität, erhellt durch ein großes Fensterband entlang dem First.

Der Innenausbau

Unter anderem um den Verzicht auf ein Kellergeschoss auszugleichen, sah der Entwurf von Beginn an mehrere Einbaumöbel vor. Diese wurden zum elementaren Bestandteil der Innenarchitektur, bilden Raumabschlüsse und Raumteiler. Das Möbelkonzept umfasst auch die Bad- und Küchenmöbel sowie ein wandhängendes Sideboard am Essplatz.

In der Gästetoilette im Eingangsbereich trifft man auf einen markanten, dunkelgrünen Waschtischunterschrank. Er hängt vor der rahmenlosen, satinierten, verglasten Fassade zwischen den beiden Seitenwänden des Raums. Zwei Staufächer bieten Platz für Handtücher und Kosmetikartikel.

Der Garderobenschrank links neben der Hauseingangstür läuft nahtlos durch in die Küche, wo er als Vorratsschrank dient. Die Zarge der Tür zwischen Eingang und

Architektur und Möbel bilden in ihrer minimalistischen Eleganz eine gestalterische Einheit.

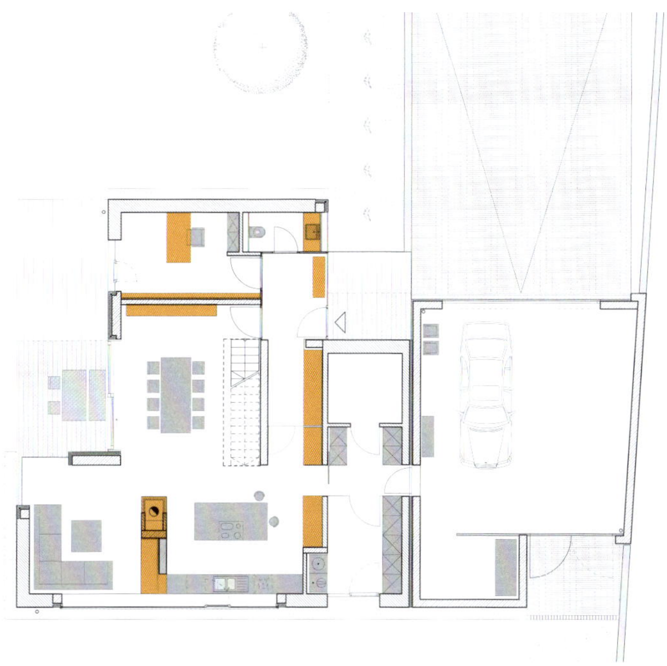

Erdgeschoss

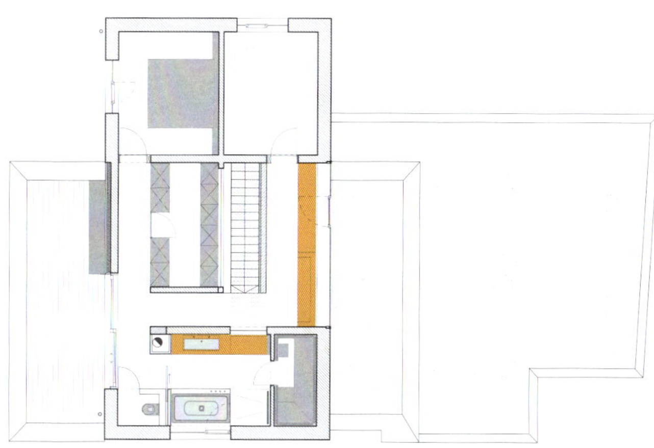

Obergeschoss

Das Arbeitszimmer mit Bücherbrett und auf die Arbeitsplatte reduziertem Schreibtisch: Hier lenkt nichts vom konzentrierten Arbeiten ab.

Küche setzt sich mit einer rahmenlosen Verglasung von der Schrankfront ab. Die auch über die Eingangstür hinweglaufende Kopfblende bleibt einige Zentimeter unter der Decke; die so entstandene Fuge ist indirekt beleuchtet. In Analogie zu den glatt weiß verputzten Wänden wurde der hier den Raumabschluss bildende Schrank weiß lackiert. Seine beschlaglosen, nahezu quadratischen Fronten bilden allerdings keine durchgängige Fläche: Einerseits sind sie durch betont breite Fugen voneinander abgesetzt, andererseits erhalten sie durch eine an ihren Kanten ringsum eingearbeitete Griffnut einen leicht schwebenden Charakter.

Den Wohnraum zoniert ein vielschichtiges Kaminmöbel in Küche, Essplatz und Sitzecke. Es besteht aus dem gemauerten, weiß verputzten Kamin und einem damit verbundenen, weiß lackierten Fernsehmöbel. Dessen zurückgesetzter Sockel und die integrierte Holzlege sind aus farblich kontrastierenden, warm gewalzten Stahlblechen gefertigt. Die Möbeloberseite geht zwischen Kamin und Fenster nahtlos in die Arbeitsfläche der Küche über.

An der dem Kamin gegenüberliegenden Wand befindet sich ein kleines Sideboard, ein weiß lackierter Kubus. Seine Front setzt sich durch eine umlaufende Griffnut ab, die zugleich eine Schattenfuge bildet.

Das Möbel, das neben dem Kamin samt Umbauung am stärksten die Räume prägt, ist die Sitzbank auf der Galerie. Unterhalb eines raumbreiten, niedrigen Fensters reicht sie als weißer, dank Hinterleuchtung und Bodenfuge scheinbar schwebender Riegel von Wand zu Wand. Die eigentliche Bank mit schwarzem Lederpolster ist auf etwa halber Möbelbreite aus dem Riegel herausgeschnitten. Die andere Hälfte wurde als kleine Kommode mit Staufächern hinter drei Klappen gestaltet. Zwischen der Oberkante der Klappen und der Oberseite des Möbels findet sich eine Eingriffsnut.

Auch der Waschtischunterschrank im Bad setzt sich in einer lederbezogenen Sitzfläche fort. Ebenfalls wandhängend und raumbreit, fügt er sich ins Entwurfskonzept ein, ist allerdings anthrazitfarben lackiert.

Fotografien: Erich Spahn (S. 30, 32 u., 34–38) / Autor (S. 31, 32 o., 33, 39)

rechts: Einen Akzent setzt der grün lackierte Waschtisch in der Gästetoilette. Ebenso wie der verspiegelte Oberschrank ist er zwischen den beiden Seitenwänden aufgehängt; dahinter die vollflächige, satinierte Verglasung, die sich im Eingangsbereich fortsetzt.

unten: Der Waschtisch im Bad bietet viel Stauraum und außerdem eine Sitzbank. Gestalterisch nimmt er sich zurück, das Anthrazit seiner Oberfläche greift die Farbigkeit des Bodens auf, zu dem er als wandhängendes Möbel Abstand hält; die glatt lackierten Fronten werden durch breite Eingrifffugen gegliedert.

Kamin-Fernseh-Möbel

Der eigentlich frei stehende, dreiseitig offene gemauerte Kamin wird ergänzt durch ein weiß lackiertes Möbel mit Stahleinsatz, das als Brennholzlege und zur Aufbewahrung von Medien dient. Möbel und Kamin verschmelzen zu einer Einheit und zonieren den Gesamtraum in klare Bereiche zum Kochen, Essen und Wohnen.

Korpusse und Fronten: MDF-Platte, weiß lackiert
Sockel und Holzlege: warmgewalztes Stahlblech
Kaminummauerung: Mauerwerk, weiß verputzt
Maße (l x h x t in cm, ohne Kamin): 174/95/85

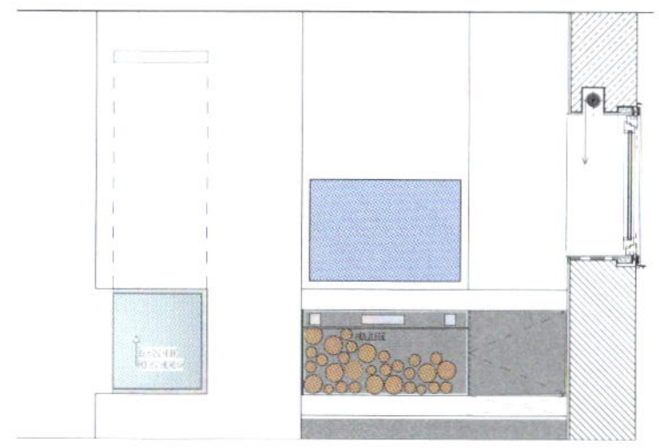

Ansicht

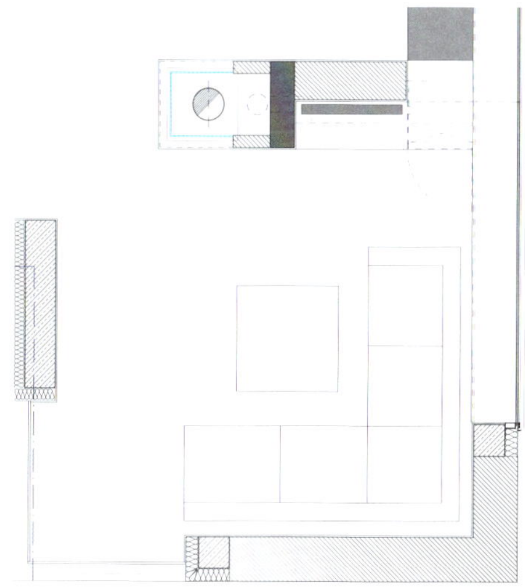

Horizontalschnitt

Garderoben- und Vorratsschrank

Im Gang vom Eingangsbereich zur Küche wurde ein raumhoher, durchgängiger Schrank oberflächenbündig integriert. Von der gegenüberliegenden, ebenfalls weißen Wand unterscheidet er sich durch horizontale Fugen und eine oberseitig angeordnete indirekte Beleuchtung, die ihn von der Decke absetzt. Der Schrank läuft durch bis in die Küche, wo er sich noch auf der anderen Seite des Durchgangs zur Garage fortsetzt. Besonders bemerkenswert ist der Anschluss der Küchentür an den Schrank mittels einer rahmenlosen Verglasung. In seinem vorderen Teil bietet das Möbel eine Garderobe und jenseits der Küchentür Stauraum für Vorräte und Elektrogeräte.

Korpusse und Fronten: MDF-Platte, weiß lackiert, Griffnut
Maße (l x h x t in cm): 661/252/62

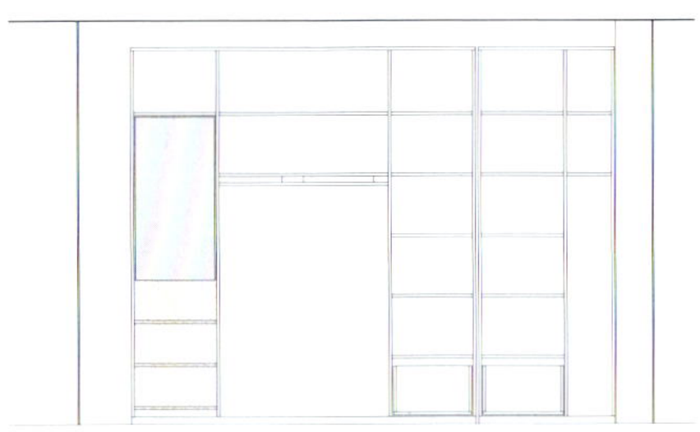

Längsschnitt Garderobe

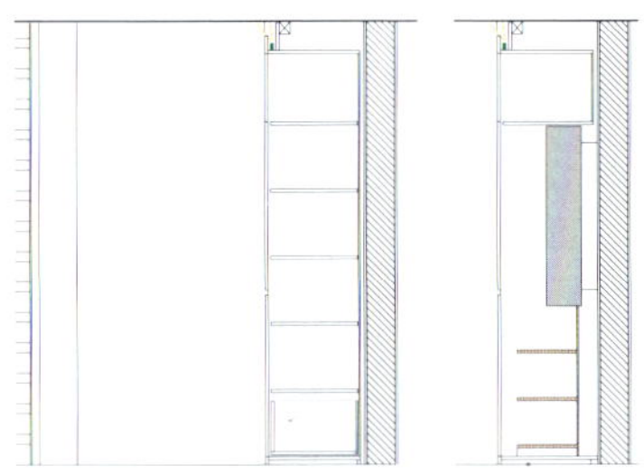

Querschnitte

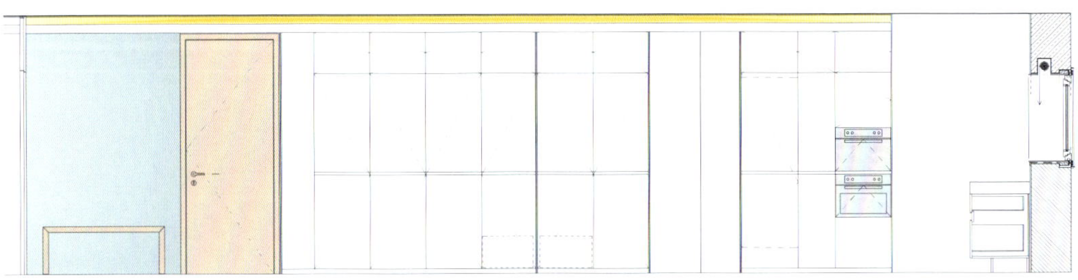

Gesamtansicht

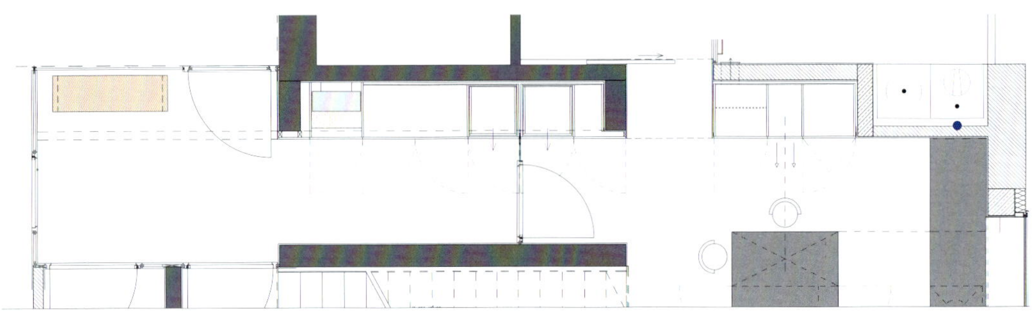

Horizontalschnitt

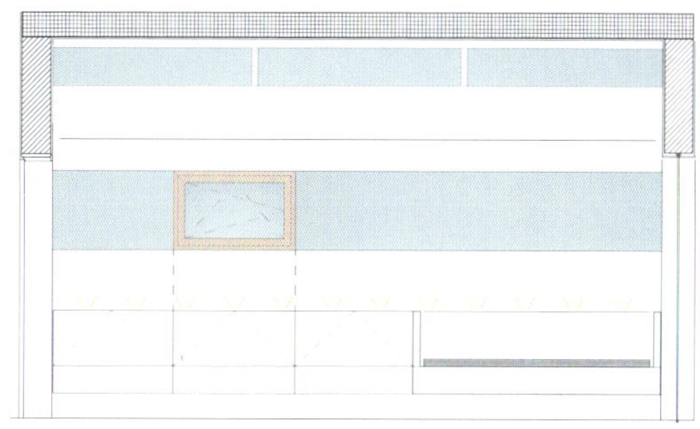

Ansicht

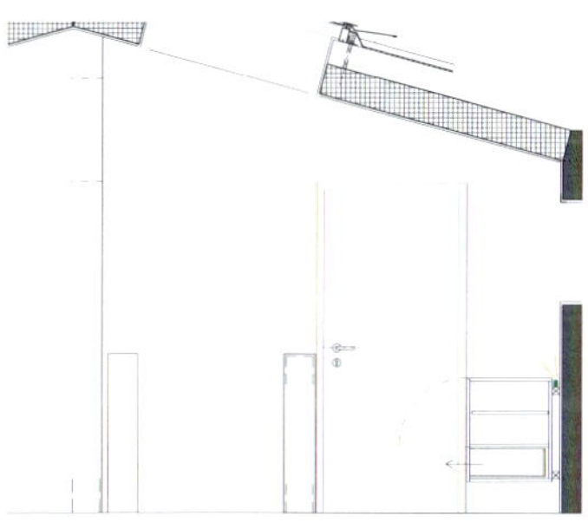

Vertikalschnitt

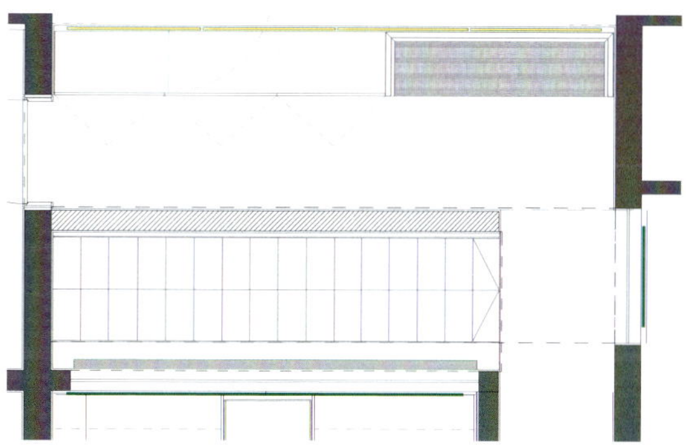

Horizontalschnitt

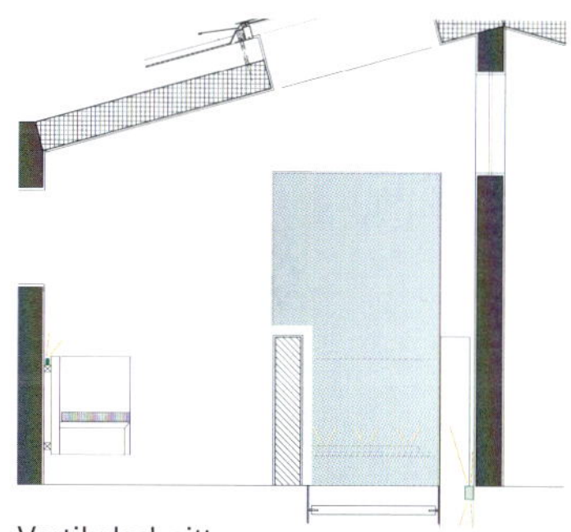

Vertikalschnitt

Sitzbank mit Kommode

Wie auch andere Möbel in diesem Haus nimmt die Kombination aus Sitzbank und Kommode im Flur des Obergeschosses nicht viel Platz ein, bestimmt jedoch wesentlich das Ambiente. Wandhängend wahrt es Distanz zum Boden, eine indirekte Beleuchtung inszeniert einen scheinbaren Abstand zur Rückwand, und dennoch verschmilzt das Möbel mit der raumumfassenden Hülle und gibt ihr eine plastische Ausformung.

Korpusse und Fronten: MDF-Platte, weiß lackiert, Griffnut
Sitzpolster: lederbezogen
Maße (l x h x t in cm): 502/86/62

Wohnhausausbau mit vielen Facetten

Wohnzimmerregal // Küchenblock und -schrank // Esstisch // Garderobenmöblierung // Ankleide // Kinderzimmerbetten und -regale // Schrank im Hauswirtschaftsraum

Entwurf: Matthias Bjørnsen Architekt // Ausführung: Hommel Küchen- & Möbelmanufaktur

Der Satteldachbau verzichtet auf jegliche Schnörkel oder Überstände. Die gartenseitige Terrasse schwebt über einem Lichtschacht vor Gästezimmer und Büro im Untergeschoss.

Der Neubau entstand anstelle eines deutlich kleineren Siedlungshauses aus der Nachkriegszeit. Seine streng reduzierte, monolithische Form wird geprägt durch die Fassadenbekleidung aus eng gestoßenen, vertikal ausgerichteten Holzlamellen. Die hierfür verwendete Weißtanne stammt aus Wäldern der Region, gestrichen mit einer Vergrauungslasur, die die sich sonst über Jahre hinziehende natürliche Vergrauung vorwegnimmt. Die Lasur enthält einen Glimmeranteil, der der Fassade metallischen Glanz verleiht.

Die Innenaufteilung orientiert sich mit durchlaufenden Erschließungsgängen, an die sich beidseits Zimmer anschließen, am Typus des oberbayerischen Bauernhauses – im Erdgeschoss in eher abstrakter Form als offenes Raumkonzept, in Unter- und Obergeschoss in klassischer Form mit geschlossenen Räumen. Bereits beim Betreten des Hauses ist der Blick bis in den Garten möglich – sofern nicht gerade die Schiebewand zwischen dem Erschließungsbereich und der anschließenden Ess-Küche zugeschoben ist. Sie ermöglicht trotz aller Offenheit ein Stück Intimsphäre, ebenso die in die Fassade integrierten Schiebeläden und die Anordnung der zu den Nachbarn orientierten Fenster an den Längsseiten des Gebäudes.

Der Innenausbau

Sehr viele Möbel, für nahezu jeden Raum, hat Architekt Matthias Bjørnsen eigens für das Projekt entworfen. Daneben waren im Wesentlichen nur einige Sitz- und Kleinmöbel erforderlich. Der strengen, reduzierten Form des Hauses mit einem Touch atmosphärischer Kühle folgt die Gestaltung der individuellen Möbel. Sie alle richten sich nach einem einheitlichen Entwurfsgedanken. Der Architekt möchte seinen Bauherren durch die Ergänzung des Hausentwurfs mit passenden Möbeln ein stimmiges räumliches Gesamtkonzept bieten. Schließlich bedeutet Wohnen viel mehr, als sich in Räumen aufzuhalten: Dazu gehört auch das Aufbewahren von Gegenständen und das Verrichten von allerlei Tätigkeiten an Arbeitsflächen oder Tischen, im Stehen, Sitzen oder Liegen. Die Möbel sind also dienende Elemente, welche gestalterisch die Raumwirkung unterstützen. Ihr Entwurf ist auf das Gebäude abgestimmt, sie sind jedoch kein elementarer Bestandteil – im Unterschied zu manch anderem Beispiel in diesem Buch würde sich hier durch andere Möbel zwar das Ambiente der Räume verändern, nicht aber die Architektur des Hauses.

Dieses Konzept formuliert die einzelnen Möbel mit immer wieder neuen Nuancen aus und verhindert so eine monotone Einheitlichkeit. Nicht nur besonders markante, ins Auge springende Stücke – im Erdgeschoss etwa die Garderobenschränke und -regale, die Küche, der Esstisch und die Wohnzimmerregale – sind individuelle Entwürfe, sondern auch die Ausstattung des Hauswirtschaftsraums sowie die schlichten Regale – ausnahmsweise bunt – für die Kinderzimmer und die Kinderbetten. Dazu kommen der Ausbau der Ankleide und des Schlafzimmers, das Bett im Gästezimmer und die Ausstattung des Arbeitszimmers im Untergeschoss.

Stellenweise geht die Ausdetaillierung ins Konstruktivistische. So lassen die frei stehenden Möbel wie Kinderhochbetten oder Tische auf dezente Weise jedes der

Blick vom Wohnraum durch die Küche Richtung Eingang: im Hintergrund links die Garderobe, rechts hinter dem Küchenblock die Tür zum Hauswirtschaftsraum, links vorn der ebenfalls individuell entworfene Esstisch.

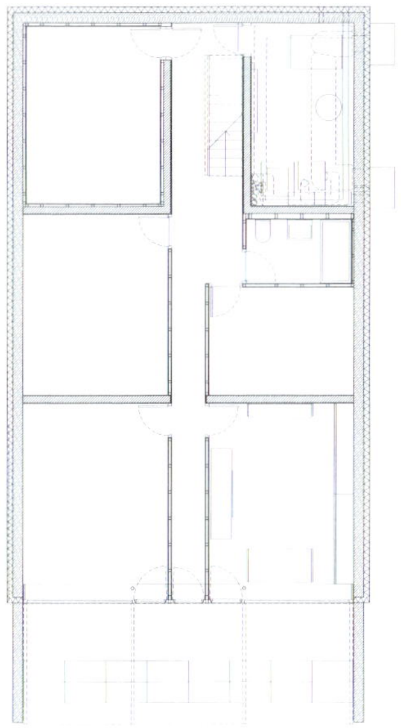

Untergeschoss

Erdgeschoss

Obergeschoss

Neben dem Esstisch gehören auch die schlichten Bücherborde zu dem vom Architekten entwickelten Möbelkonzept.

plattenförmigen Bauteile erkennen. Die glatten Fronten der geschlossenen Einbaumöbel, etwa in der Küche, lassen mit deutlich zurückspringenden breiten Fugen jede Tür und jeden Auszug erkennen und veranschaulichen so das Arrangement einzelner Elemente zum gesamten Möbel. Die meisten Oberflächen sind weiß lackiert oder mit weißem Laminat bezogen (Kinderbetten). Doch auch der Werkstoff Holz findet sich immer wieder in gestaltender Funktion: Sei es flächig bei den Möbeln im Garderobenbereich oder beim Esstisch, sei es als harmonisch-warme Innenauskleidung einiger Korpusse hinter weißen Fronten oder sei es akzentuierend, etwa in Form massiver Kanteneinleimer bei den Kinderbetten. Auch als Trägermaterial für die Möbel wurde Holz in Form von Tischlerplatten anstelle des heute meist üblichen MDF verwendet.

Fotografien: Florian Holzherr

Im Elternschlafzimmer wurde in die Wand zur Ankleide hin ein schlichtes, wandhängendes Bücherregal integriert.

Kinderhochbett und Kinderzimmerschrank folgen in ihrer Entwurfslogik dem Korpus des Regals. Zwar verzichten sie auf farbige Fronten, doch wurde eine der beiden Schranktüren mit weichem Filz bespannt.

Detail des Schranks im Kinderzimmer

Die für die Kinderzimmer entworfenen Regale lassen durch sichtbare Kanten der Birke-Mehrschichtplatten die einzelnen Bauteile erkennen; Plexiglas-Schiebetüren in unterschiedlichen Farben geben dem konstruktivistischen Möbel eine kindgerechte Erscheinung. Die biegsamen Scheiben lassen sich mühelos tauschen, wenn die Kinder eine andere Farbe wünschen.

Küchenblock und -schrank

Oft finden sich hinter Holzfronten weiße Korpusse. Bei dieser Küche kehrte der Architekt das Muster um: Glatte, weiße Fronten, nur gegliedert durch die Eingriffleisten, lassen die Küche bei Nichtgebrauch dezent in den Hintergrund treten und mit dem Weiß von Wänden und Decke verschmelzen. Elektrogeräte verschwinden hinter einheitlichen Türen, und sogar die Abzugshaube wurde in das Konzept mit einbezogen. Doch sobald die Küche genutzt wird, rückt sie auch gestalterisch in den Mittelpunkt. Sämtliche Einbauten sind hochwertig in Holz gefertigt und bieten beim Öffnen während des Kochens ein lebendiges Schauspiel.

Korpusse: Tischlerplatte Stabsperrholz Pappel, Eichenvollholzeinleimer, 19 mm, Eichenfurnier, geschoben, geölt
Fronten: MDF-Platte, Kanten gerundet, 19 mm, stumpfmatt weiß lackiert
Arbeitsplatte: Edelstahl massiv, 2 mm, matt gebürstet
Maße (l x h x t in cm):
Küchenblock: 304/120/111,4
Küchenschrank: 342/248/65

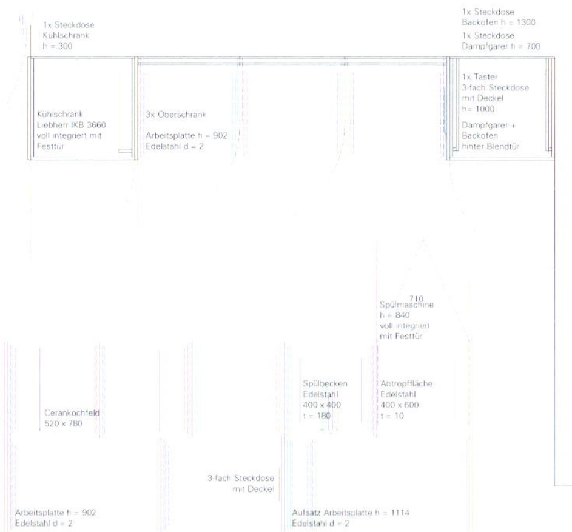

Horizontalschnitt

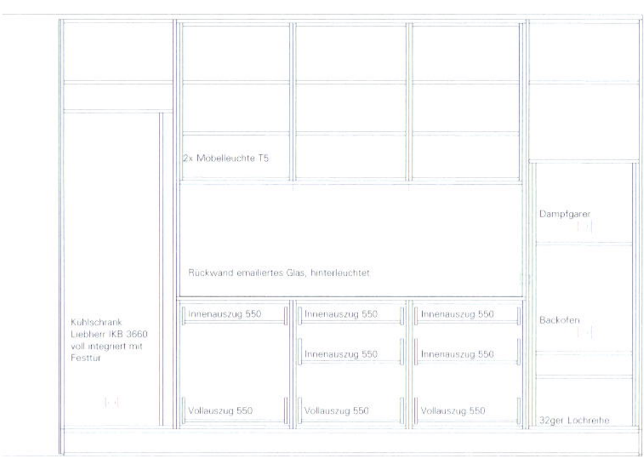

Vertikalschnitt Hochschrank

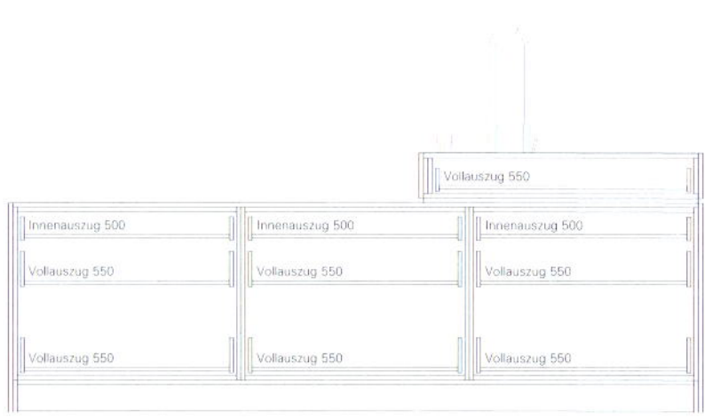

Vertikalschnitt Küchenblock

Garderobenmöblierung

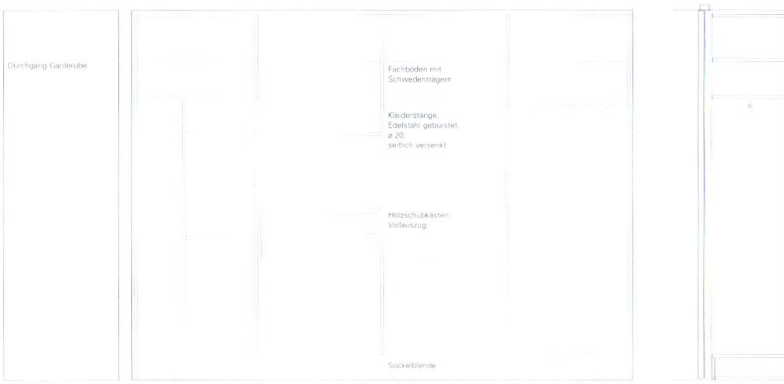

Schnitte Schrank Eingangsbereich

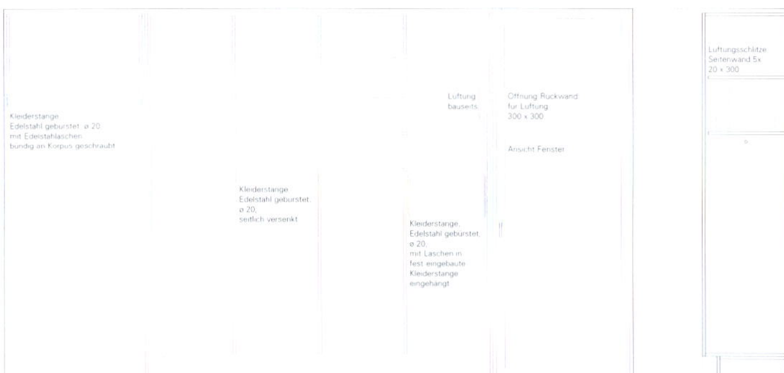

Schnitte Schrank Garderobenraum

Raumhohe Schiebeelemente trennen den Garderobenraum vom Eingangsbereich ab und verbergen einen großzügigen Schrank mit Einlegeböden und Kleiderstange. Die Schubladen sind wie Einlegeböden als eigenständige Elemente eingefügt. Im Garderobenraum selbst finden sich vor dem Schrank Schwingtüren mit massiver, nicht ganz durchgängiger Griffleiste. An der gegenüberliegenden Rückwand des Schranks zum Eingangsbereich ist ein offenes Schuhregal untergebracht.

Korpusse und Fronten: Tischlerplatte Stabsperrholz Pappel, Eichenvollholzeinleimer, 19 mm, Eichenfurnier, geschoben, geölt
Maße (l x h x t in cm):
Schrank Garderobe: 438/248,5/62,5
Schrank Garderobenraum: 242/246/60
Sideboard Garderobenraum: 358/47/40

Schrank im Hauswirtschaftsraum

Die Arbeitszeile und der Oberschrank im Hauswirtschaftsraum folgen dem konstruktivistischen Entwurfsgedanken, der auch die Kinderzimmermöbel bestimmt: Glatte, weiße Oberflächen in Verbindung mit sichtbar belassenen Schnittkanten der Mehrschichtplatten zeigen jedes einzelne Bauelement.

Korpusse: Tischlerplatte Stabsperrholz Pappel, Birkoplexeinleimer, 19 mm, Decklage HPL, weiß
Schiebefronten: Plexiglas, dunkelbraun
Maße (l x h x t in cm):
  Unterschrank: 344/95/72
  Oberschrank: 344/38/34

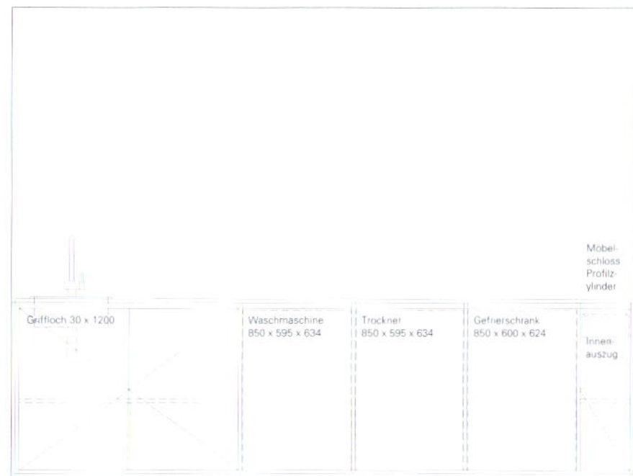

Ansicht

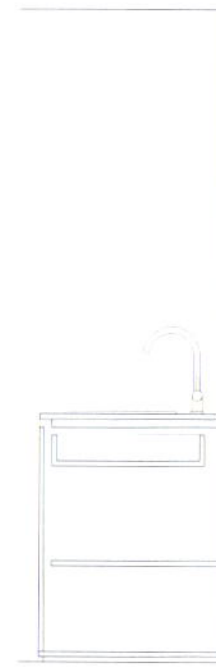

Querschnitt

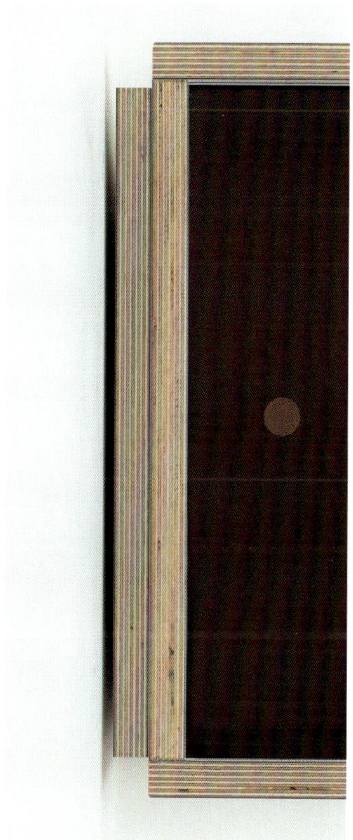

»Möbel im Möbel« in einer Apartmentwohnung

Küchen-Bad-Eingangsmöbel // Sideboard

Entwurf: Brenner Architekten // Ausführung: Jokisch Bauausführung

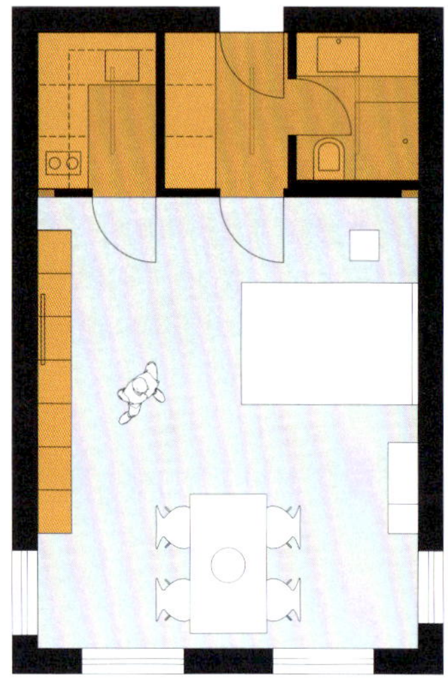

Grundriss

Längsschnitt

Eine Wohnung im vierten Obergeschoss eines typischen Berliner Gründerzeit-Mehrfamilienhauses wurde in den 1980er-Jahren in kleinere Einheiten aufgeteilt. So entstand unter anderem aus einem 32 Quadratmeter großen Zimmer ein abgeschlossenes Apartment, in dem ein kleiner Eingangsbereich sowie links und rechts davon Bad und Küche eingebaut wurden. Im Zuge der Sanierung wurden fast alle originalen Elemente verdeckt: die Stuckdecke durch eine abhängte Styropordecke, die Wände mit Tapeten, der Boden mit PVC und Teppich.

Ziel einer neuerlichen Sanierung war es, alle noch vorhandenen Originalelemente wieder freizulegen und fachgerecht aufzuarbeiten. Der ursprüngliche Raum sollte wieder in seiner ursprünglichen Dimension und Gestalt erlebbar sein. Hierzu wurden zunächst alle 1980er-Jahre-Einbauten und -Materialien entfernt und die stilgerechten, aber heruntergekommenen Kastenfenster aufgearbeitet. Als Bodenbelag wurde ein Fischgrätparkett aus massiver Eiche verlegt, wie es schon bauzeitlich hier anzutreffen gewesen sein könnte. Ganz traditionell wurde es genagelt, nicht verklebt.

Der Innenausbau

Um einerseits den Raum als unbeschnittene Einheit wahrzunehmen und andererseits Küche und Bad unterbringen zu können, wählten die Planer für die beiden Nebenräume und den Eingangsbereich einen Einbau mit dem Charakter eines lose eingestellten Möbels.

Rein funktional betrachtet, hat sich also gegenüber den 1980er-Jahren nicht viel geändert: Man betritt die Wohnung und steht in einem winzigen Flur; rechter Hand die Garderobe, linker Hand die Tür zu dem – für heutige Verhältnisse ebenfalls winzigen – Duschbad. Geradeaus geht es in den Wohnraum, von dem aus man auch die kleine Küche erreicht. Ihre Grundfläche gleicht der von Eingangsbereich und Bad, dennoch bietet sie viel Stauraum – teilweise in bis unter die Decke reichenden Oberschränken – sowie eine in den winkelförmigen Unterschrank integrierte Waschmaschine und einen Backofen.

Die schlichten Küchenmöbel mit glatten weißen Fronten und Arbeitsflächen wurden individuell nach Entwurf des Architekten gefertigt, ebenso wie der Waschtisch im Bad. Dabei handelt es sich gewissermaßen um »Möbel im Möbel«, denn vom Wohnraum aus wirken die drei Nebenräume wie ein zu groß geratener eingestellter, jederzeit herausnehmbarer Schrank, unter dem Boden und Wände des Wohnraums weiterzugehen scheinen.

Erreicht wird dieser Eindruck durch vier Entwurfsdetails: Die Nebenräume reichen nicht bis zur freigelegten, hohen Decke des Wohnraums, sondern haben eine eigene Zwischendecke; der gesamte Einbau ist matt-schwarz gestrichen und setzt sich kontrastierend von den weißen Wänden, der hellen Stuckdecke und dem Eichenboden ab; zwischen der Front des Einbaus und den anschließenden Wänden des Altbaus wurde eine deutliche Schattenfuge ausgebildet; außerdem liegt die Oberfläche der Nebenräume einige Zentimeter höher als der Parkettboden im Wohnraum.

Für den Wohnraum entwarf der Architekt ein stilistisch an die Bad- und Küchenmöbel angeglichenes hängendes Sideboard.

Fotografien: Sebastian Runge

Das nur 32 Quadratmeter große Apartment vereint Wohnen, Arbeiten und Schlafen in einem Raum. Dass dieser so großzügig wirkt, liegt zum einen an der altbautypisch hohen Decke und der erkerartigen dreiseitigen Umschließung durch Fenster, zum anderen an der Gestaltung von Küche, Eingangsbereich und Bad, die in einem scheinbar lose eingestellten »Möbel« zusammengefasst sind. Mit zum Konzept gehört ein wandhängendes Sideboard; lediglich Bett, Regal und Tisch wurden als Serienmöbel dazugekauft.

Küchen-Bad-Eingangsmöbel

Ursprünglich war das heutige Apartment ein Zimmer innerhalb einer größeren Wohnung. Es sollte samt der freigelegten Stuckdecke wieder als durchgängig erlebbar werden. In die wie ein Möbel eingestellte Einheit mit den Nebenräumen wurden individuell entworfene Einbauten integriert. Die glatten weißen Oberflächen im Inneren geben den winzigen Räumen ein relative Großzügigkeit. Die jeweils zwischen Arbeitsfläche und Fronten angeordnete Eingrifffuge löst die Blockhaftigkeit von Waschtisch und Küchenzeile und bringt Leichtigkeit ins Spiel; ein Motiv, das sich beim Sideboard im Wohnraum wiederfindet. Im Eingangsbereich wurde ein raumhoher Garderobenschrank angeordnet.

Gesamt-»Möbel«: Ständerbauweise mit Gipskarton-Beplankung
Einbaumöbel Küche, Flur, Bad, Sideboard: MDF-Platte, weiß lackiert
Maße (l x h x t in cm): 450/250/180

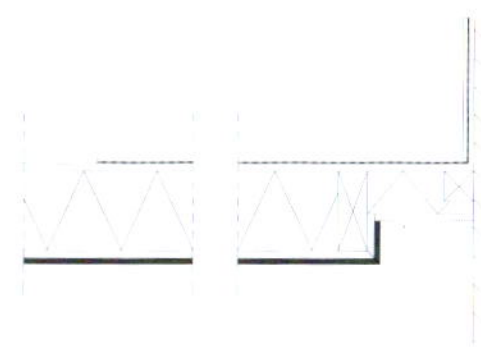

Horizontalschnitt
seitlicher Wandanschluss

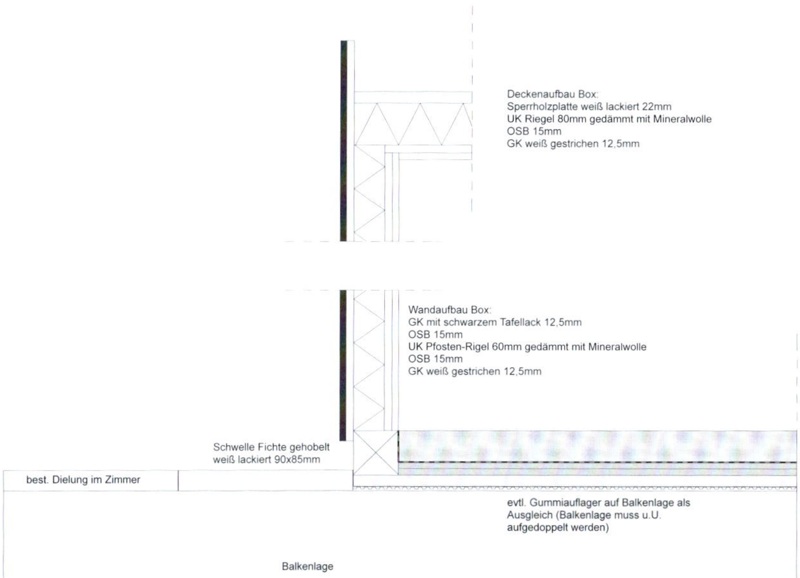

Vertikalschnitt der Leichtbauwand des »Möbels«

Ganz in Holz: Haus und Möbel

Wohnzimmertisch // Küchenschrankwand // Küchenblock // Esstisch // Brüstungsmöbel und Bücherregal // Brüstungsmöbel und Kleiderschrank // Waschtisch

Entwurf: Herkrath+Bogatzki // Ausführung: Kunsttischlerei ALRO

Die kilometerweiten Ausblicke zu verschiedenen Gebirgszügen waren bei der Planung dieses Hauses an einem steil ansteigenden Nordhang in Tirol ein beherrschendes Thema. Um die steile Fläche sinnvoll nutzbar zu machen, wurde das Gelände durch je eine Stützmauer im vorderen und hinteren Bereich abgetreppt. So entstand ein Gartenplateau auf Höhe der Oberkante der vorderen Stützmauer.

Die vordere Stützmauer dient zugleich als Fassade des sich dahinter in den Hang grabenden Untergeschosses mit Eingangsbereich und Garage. Darüber erhebt sich das eigentliche, zweigeschossige Wohnhaus, das ein wenig an einen facettierten Edelstein erinnert: Auf Grundlage des örtlich und baurechtlich Möglichen und die Ausblicke berücksichtigend, ergab sich ein trapezförmiger Grundriss. Auch die Fassaden fielen somit trapezförmig aus. Schräg geschnittene Fensterlaibungen und straßenseitig übereck reichende Fensterbänder ergänzen das Bild.

Im Inneren gibt sich der Entwurf klar strukturiert: Im hinteren Bereich legt sich an die Westfassade eine schmale Erschließungszone mit einläufiger Treppe, einer Toilette auf jeder Etage und einem Personenaufzug, der das Haus für das Bauherren-Ehepaar mittleren Alters auch in künftigen Lebensphasen bewohnbar erhalten soll. Daneben finden sich auf der unteren Wohnebene, zum östlichen Garten hin orientiert, Küche und Essplatz. Dem Essplatz folgt, auf der anderen Seite eines halbhohen, gemauerten Kamins, der Wohnbereich auf gesamter Hausbreite. Im Obergeschoss sind an dem hier an seinem Ende in ein Bad übergehenden Erschließungsbereich drei Zimmer und ein Gästebad aufgereiht.

Außen mit sägerauen Lärchenholzbrettern bekleidet, blieben im Inneren des Hauses die Oberflächen der Decken und Wände aus Massivholzelementen weitgehend unbehandelt und sichtbar.

Übereck greifende Fensterbänder verbinden die unterschiedlich ausgeformten Fassaden zu einer gestalterischen Einheit.

Der Innenausbau

Wohl in nur wenigen Fällen sind Einbauten solch unabdingbarer Bestandteil der Architektur eines Hauses und fügen sich dennoch – oder gerade deswegen – so dezent ein wie bei diesem Projekt. Die Einbaumöbel sowie die Tische von Essplatz und Wohnraum haben die Architekten des Hauses entworfen und dabei als dessen festen Bestandteil betrachtet – ein Herausnehmen würde wie eine Amputation wirken und unfertig erscheinende Räume zurücklassen. Sämtliche Fronten der wandintegrierten Möbel bestehen aus massiven gebürsteten Fichtenholzplatten und fügen sich chamäleonartig zwischen die unbekleideten Innenoberflächen der Außenwände und die Decken aus Fichte-Massivholz-Elementen.

So fällt denn auch auf den ersten Blick gar nicht auf, wie umfangreich das Haus mit Einbaumöbeln ausgestattet ist. Doch war außer den Sitzmöbeln, den Betten und wenigen Kleinmöbel kein weiteres Mobiliar zusätzlich notwendig.

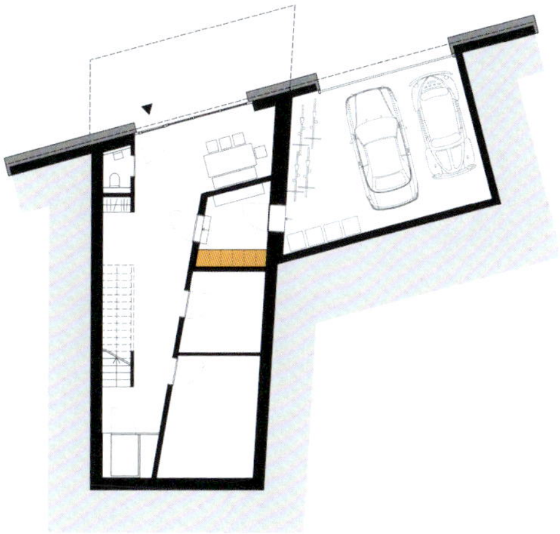

Hanggeschoss

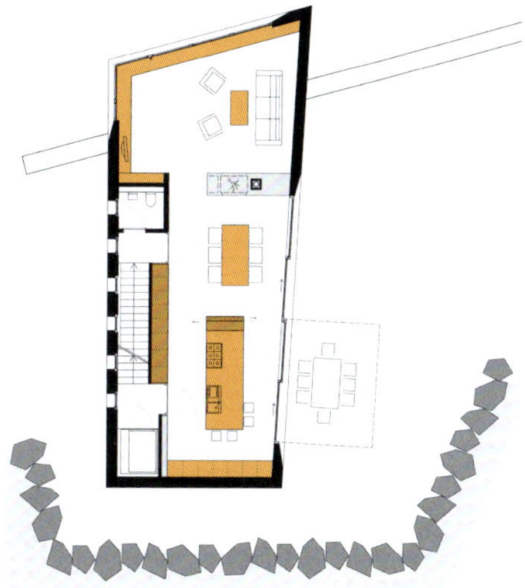

Erdgeschoss

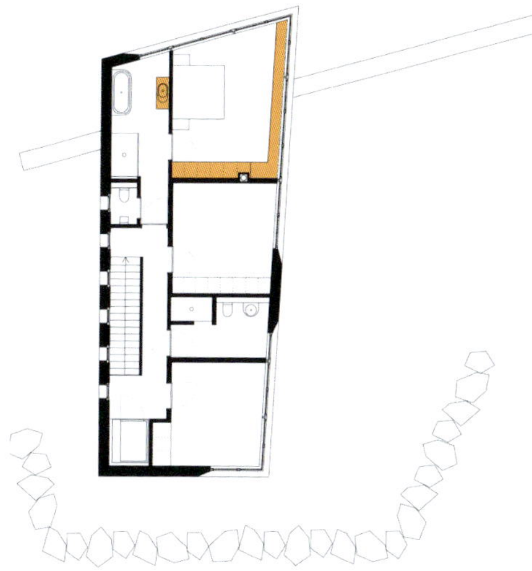

Obergeschoss

Die beiden Wohngeschosse in Holzbauweise kragen über das in den Hang eingelassene Untergeschoss hinaus und verstärken so den Eindruck einer auf dem Gartenplateau lose aufliegenden »Holzkiste«.

Am prägendsten und umfangreichsten ist der Innenausbau der unteren Wohnebene mit Küche, Essplatz und Wohnbereich. Ein raumhoher Wandschrank trennt hier zum Treppenhaus ab, dessen Fronten aus Fichtenholz wie eine Wandvertäfelung wirken. Er bildet zugleich die massive, geschlossene Rückwand von Küche und Essplatz, die zur anderen Seite hin durchgängig verglast sind. An der Schmalseite der Küche ergänzen Ober- und Unterschränke das Staumobiliar in derselben Materialität und ähnlicher Anmutung, während der dreiseitig frei stehende Küchenblock mit Herd, Spüle und gekühltem Weinregal über widerstandsfähigere Eichenholz-Oberflächen verfügt. Gleiches gilt für den die Versorgungsleitungen aufnehmenden Raumteiler zum Essplatz, der sich harmonisch in den durchgängigen Innenausbau einfügt.

Der Wohnbereich wird gefasst von einem niedrigen Brüstungsmöbel, das sich unterhalb des übereck geführten Fensterbands hinzieht und schließlich in einem offenen Bücherregal an der Wand zum Treppenhaus einen vertikalen Kontrapunkt zu seiner ausgeprägten Horizontalität bildet. Ein ähnliches Möbel findet sich im Schlafzimmer, ein Geschoss weiter oben. Allerdings ist es höher, das Fenster niedriger und der Raum seiner Funktion entsprechend intimer. Den Möbelabschluss bildet hier ein Kleiderschrank. Ähnliche Schränke finden sich im Gästezimmer und in der Garderobe im Hanggeschoss zwischen Eingangsbereich und Garage.

Im Bad neben dem Schlafzimmer wurde das Möbel unter dem Waschbecken von den Architekten entworfen, in den drei Toiletten des Hauses jeweils ein kleines, stilistisch passendes Regal eingefügt.

Fotografien: Autor

Sogar der Esstisch wurde von den Architekten individuell entworfen. Als minimierte Plattenkonstruktion mit weit innenliegenden, unterteilten Beinen wirkt er trotz seiner Größe relativ leicht.

Der Waschtischunterschrank im Hauptbad scheint dank seines leicht zurückgesetzten, im Schieferton des Bodens gehaltenen Sockels fast zu schweben.

Der Blick durch das Haus von der Küche aus (mit dem Küchenblock in Eiche, dem Essplatz, Kamin und Wohnraum) sowie über die Gartenterrasse auf die umliegenden Gebirgszüge. Links im Bild die raumhohen Einbauschränke zur Treppe mit gebürsteten Kieferfronten.

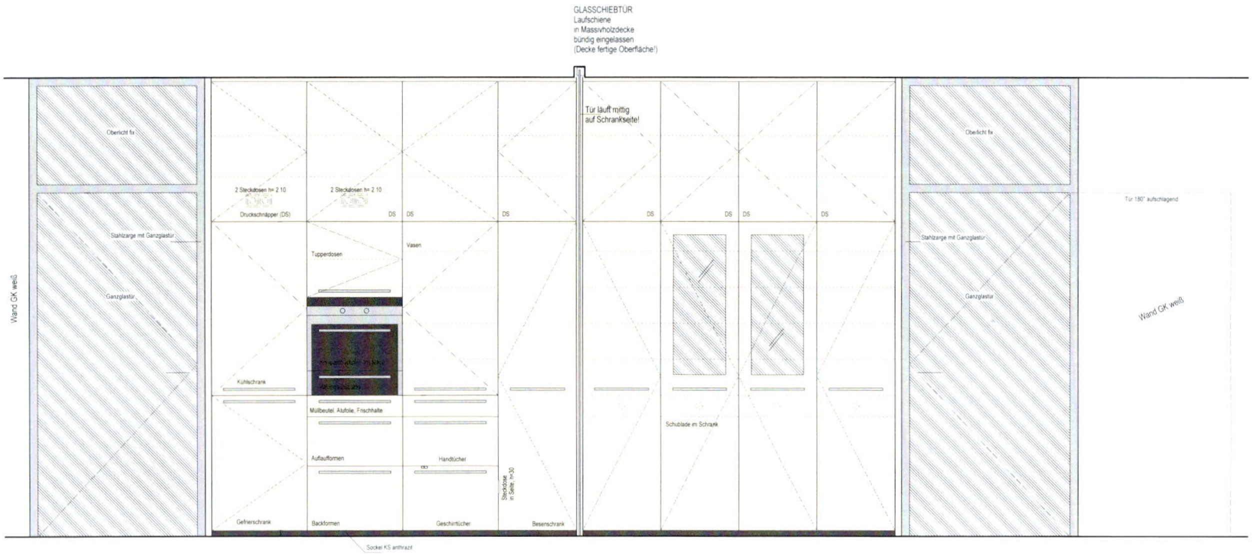
GLASSCHIEBTÜR
Laufschiene
in Massivholzdecke
bündig eingelassen
(Decke fertige Oberfläche!)
Tür läuft mittig
auf Schrankseite!
Wand GK weiß
Oberlicht fix
Stahlzarge mit Ganzglastür
Ganzglastür
2 Steckdosen h= 2.10
2 Steckdosen h= 2.10
Druckschnäpper (DS)
DS
Tupperdosen
Vasen
Kühlschrank
Müllbeutel, Alufolie, Frischhalte
Auflaufformen
Handtücher
Steckdose
in Seite, h=30
Gefrierschrank
Backformen
Geschirrtücher
Besenschrank
Sockel KS anthrazit
Schublade im Schrank
Oberlicht fix
Stahlzarge mit Ganzglastür
Ganzglastür
Tür 180° aufschlagend
Wand GK weiß

Ansicht

Küchenschrankwand

Hinter Küchenblock und Esstisch verläuft eine raumhohe Schrankwand als Trennung zur einläufigen Treppe. Beidseitig von Glastüren zum Treppenhaus gerahmt und holzvertäfelt in der Materialität der Massivholzdecke, wirkt sie fast wie eine frei stehende Wandscheibe. Lediglich einige aufgesetzte, schlanke Edelstahlgriffleisten und der eingelassene Ofen verraten, dass die gebürsteten, weiß lackierten Kieferfronten mehr verbergen. Der Küchenblock setzt sich mit Eichenoberflächen von Schrankwand, Decke und Außenwandoberfläche ab.

Korpusse: Spanplatte, 19 mm, weiß beschichtet
Fronten: Fichte massiv, 20 mm, gebürstet, seidenmatt lackiert, mit Weißanteil
Maße (l x h x t in cm): 438/280/61,5

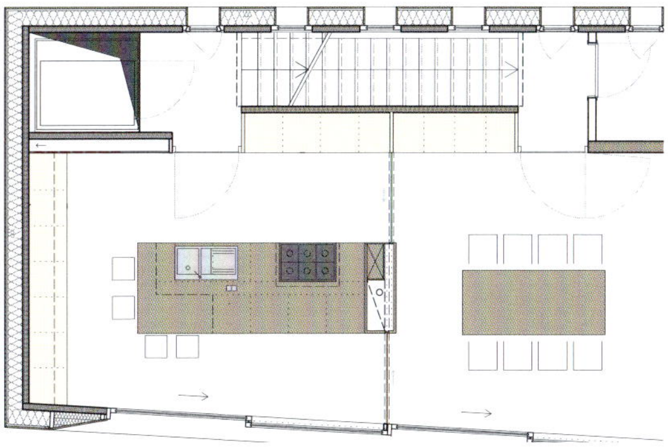

Horizontalschnitt

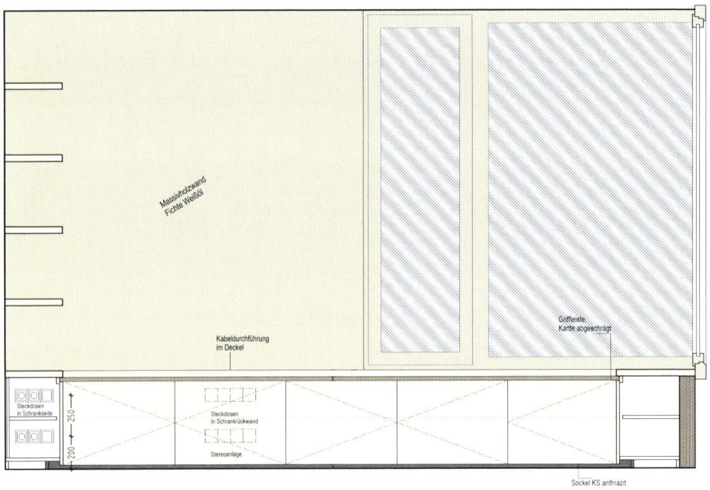
Massivholzwand
Fichte Weißöl
Griffleiste
Kante abgeschrägt
Kabeldurchführung
im Deckel
Steckdosen
in Schrankseite
250
200
Steckdosen
in Schrankrückwand
Stereoanlage
Sockel KS anthrazit

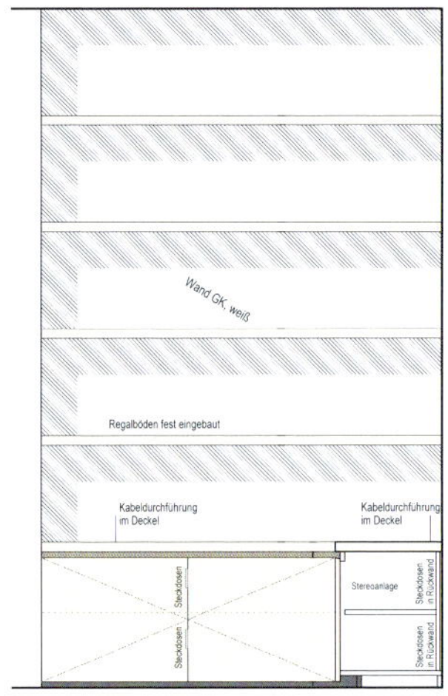
Wand GK, weiß
Regalböden fest eingebaut
Kabeldurchführung
im Deckel
Kabeldurchführung
im Deckel
Steckdosen
Steckdosen
Stereoanlage
Steckdosen
in Rückwand
Steckdosen
in Rückwand

Schnitte

Brüstungsmöbel und Bücherregal

Dem Panorama ordnet sich das in die Architektur eingefügte Mobiliar unter. Im Wohnraum bietet ein auch als Sitzbank geeignetes Brüstungsmöbel aufgrund seiner Ausdehnung entlang der gesamten Glasfassade überraschend viel Stauraum. Es mündet – vor Kopf der Wand zum Treppenhaus – in ein Bücherregal aus einzelnen Holztablaren, die von der Außenwand und einem Fortsatz der Treppenhauswand gefasst werden. Die weiße Wandoberfläche verleiht den Tablaren Leichtigkeit.

Korpusse: Spanplatte, 19 mm, weiß beschichtet
Fronten: Fichte massiv, 20 mm, gebürstet, seidenmatt lackiert, mit Weißanteil
Maße Brüstungsmöbel (l x h x t in cm): 1067/60/45
Maße Bücherregal (l x h x t in cm): 168,5/280/45

Als Miniatur des Esstischs, erweitert um eine Ablage unterhalb der Tischplatte, ist der Wohnzimmertisch gestaltet. Links im Bild das durchgängige Brüstungsmöbel, rechts der Kamin, der den Raum zum Essplatz hin abschirmt. Hier ist besonders gut die einheitliche Materialität der meisten Möbel, der Außenwandoberflächen und Deckenuntersichten zu erkennen.

Brüstungsmöbel und Kleiderschrank

Ähnlicher Ausblick, ähnliche Situation, ähnliche Entwurfslösung: Wie im Wohnbereich findet sich im Schlafzimmer ein Brüstungsmöbel unterhalb der Fensterfront. Es ist hier ein wenig höher, nimmt aber nur eine Wand ein. Übereck geht es der Funktion des Raums entsprechend über in einen Kleiderschrank an der Wand zum Nachbarzimmer.

Korpusse: Spanplatte, 19 mm, weiß beschichtet
Fronten: Fichte massiv, 20 mm, gebürstet, seidenmatt lackiert, mit Weißanteil
Maße Brüstungsmöbel (l x h x t in cm): 876,5/100/400–600
Maße Kleiderschrank (l x h x t in cm): 300/250/60

Ansicht Kleiderschrank

Schnitt Kleiderschrank

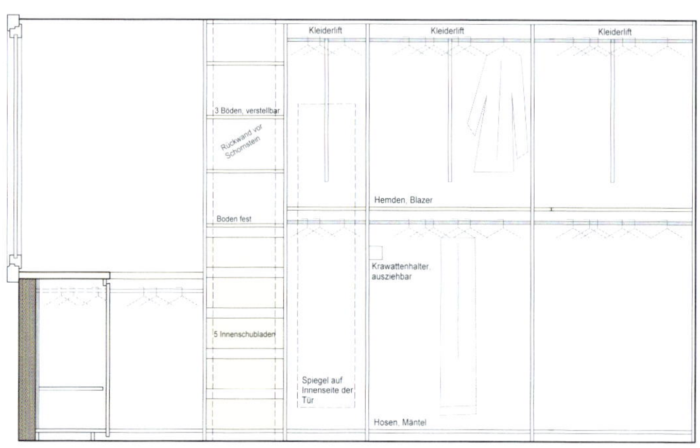

Schnitt Brüstungsmöbel

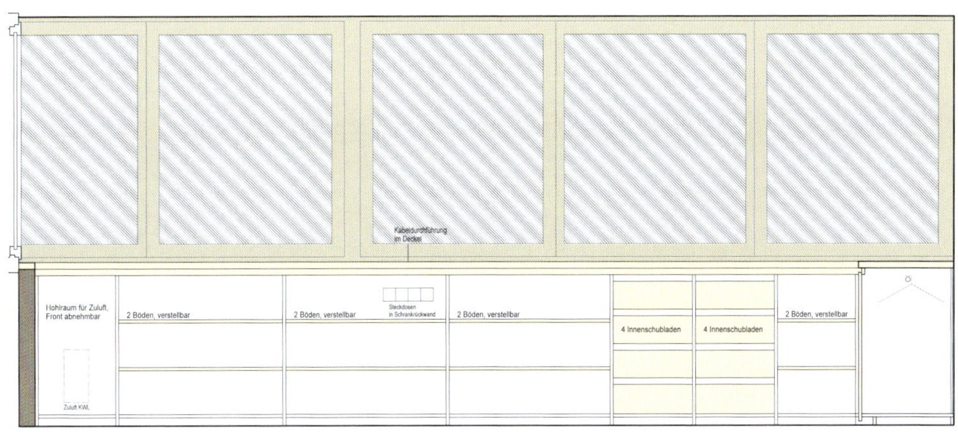

Innenansicht
Brüstungsschrank Schlafzimmer

Möbel-Cluster im Penthouse

Kaminmöbel mit Bar und Weinkühlschrank // Multifunktionale Erschließungskernumbauung // Küche // Möbelwand mit Arbeitsplatz, Waschtisch und Kleiderschrank

Entwurf: Holzrausch Planung – Nina Schreiber, Tobias Petri, Sven Petzold // Ausführung: Holzrausch

Das großflächig verglaste Penthouse im fünften Obergeschoss eines neu errichteten Mehrfamilienhauses erwarben die Bauherren im Rohbauzustand vom Bauträger. Die Fläche von etwa 165 Quadratmetern wurde durch eine tragende Wand in zwei Bereiche geteilt: einen im Grundriss annähernd quadratischen Teil, der sich um den Erschließungskern des Hauses mit Treppe und Aufzug legt, sowie einen längsrechteckigen Bereich mit größerer Raumhöhe. Die Unterteilung ergab sich aus den konstruktiven Abschnitten des Hauses, die unterschiedlichen Raumhöhen aus der Gliederung seiner äußeren Form.

Der quadratische Raum wurde ohne weitere Unterteilung in den Entwurf zur Ausbauplanung übernommen. Er fungiert heute als loftartiger Allraum zum Wohnen, Kochen und Essen, leicht zoniert durch den Erschließungskern und ein frei im Raum stehendes Kaminmöbel.

Der anschließende höhere Bereich wurde mithilfe von Trockenbauwänden in drei etwa gleich große Räume unterteilt, der mittlere davon nochmals in Längsrichtung untergliedert. Hier finden sich zwei Bäder, ein kleineres Duschbad, zugänglich vom Allraum aus, und ein größeres Bad mit Wanne und Dusche, das durch Öffnen zweier Schiebetüren zum Mittelpunkt einer Raumflucht mit Schlafzimmer und Arbeitszimmer wird. Sämtliche Sanitärgegenstände wurden nach individuellem Entwurf aus Mineralwerkstoff gefertigt, die Wände vom Maler wasserabweisend gespachtelt.

In der gesamten Wohnung sowie auf den Dachterrassen mit einer Fläche von etwa 75 Quadratmetern wurde spanischer San-Sebastian-Kalkstein als Bodenbelag verlegt.

Der Innenausbau

Die Bauherren wünschten einen vornehmen, eleganten Innenausbau, der zugleich aber reduziert, äußerst zurückhaltend und in keiner Weise protzig wirken sollte. Der hohe Anspruch an Qualität, Design und Handwerkskunst sollte auch im Inneren der Möbel und in ihren Details sichtbar werden.

Die Vorgaben fanden ihre Umsetzung in glatten, beschlaglosen Möbelfronten und angeglichenen Wandbekleidungen, in innen hochwertig furnierten oder mit durchgefärbtem Laminat bekleideten Korpussen ebenso wie in Detailausführungen im Möbelinneren, die den Manufakturgedanken sichtbar machen, etwa handgefräste Edelstahlbeschläge anstelle der heute üblichen Topfbänder.

Der äußerst freie und aufgeräumte Charakter der Räume geht auch auf die geringe Anzahl an Möbeln zurück, wobei sich jedes der kompakt wirkenden, tatsächlich jedoch sehr voluminösen Stücke de facto aus einer Vielzahl von Einzelmöbeln und Funktionen zusammensetzt. So scheint der Erschließungskern ein einziges überdimensionales, lose eingestelltes »Möbel« zu sein. Erreicht wird diese Wirkung durch die Umbauung mit Staumöbeln für die Garderobe auf der Eingangsseite der Wohnung, einer Bibliothek an der einen Schmalseite, einer als Nische im Gesamtmöbel gestalteten Wandbekleidung zum Wohnbereich hin und etlichen multifunktionalen Küchenmöbeln vor der zweiten Schmalseite. Eine umlaufende, indirekte Beleuchtung zur Decke hin unterstreicht diesen Charakter. Sämtliche Fronten und Bekleidungen bestehen aus MDF mit matt-weißer Schleiflack-Oberfläche.

Im Küchenbereich finden sich hinter den Fronten neben den üblichen Funktionen auch Geräte wie ein Brotschneider, eine Kaffeemaschine oder eine Wärmeschublade. Die Innenoberflächen sind hier, wie bei allen übrigen außenseitig weißen Möbeln, mit Eichenfurnier belegt, das durch weiß pigmentierten Klarlack aufgehellt wurde. Der Küchen-

Perspektive

links: Das Penthouse ist zu den dreiseitig anschließenden Dachterrassen hin großzügig verglast.

unten: Küchenseite der Erschließungskernumbauung mit Blick zum Kaminmöbel.

block, der frei im Raum steht, hat sogar Schübe aus massivem Eichenholz mit gezinkten Ecken. Außenseitig besteht der Block, der neben Induktionskochfeld und Stauraum eine weitere Spüle neben der in der Erschließungskernumbauung aufnimmt, aus Mineralwerkstoff.

Ähnlich der Umbauung des Erschließungskerns, jedoch sehr viel kleiner, fällt das Kaminmöbel aus, das eigentlich eine Umbauung des frei stehenden Kamins mit Möbeln ist. Neben der Feuerstelle befindet sich ein Ablageblock aus Basaltstein und Stahlblech für das Kaminholz. Einen größeren Brennstoffvorrat nimmt verdeckt einer der raumhohen Korpusse auf. Sein Innerstes offen zutage trägt der mit einer Glastür versehene Weinschrank, hinter weiteren Türen finden sich Gläser und ein Kühlschrank. Komplettiert wird dieser Teil der Kaminumbauung durch einen originellen Barbereich mit Hockern, die oberflächenbündig in das Möbel eingeschoben werden können. Der dritte Teil nimmt die Medientechnik des gesamten Hauses auf.

Die tragende Wand zum intimen Bereich der Wohnung wurde durch eine Eichenholz-Bekleidung mit in den Ausbau einbezogen, verbirgt jedoch kein Mobiliar. Die Raumtüren wurden hier alle oberflächenbündig eingelassen. Das vierte Möbelstück des Ausbaukonzepts nimmt die gesamte Rückseite der Raumflucht aus Schlafzimmer, Bad und Arbeitszimmer ein: ein mit 3,40 Metern raumhoher Schrank.

Im Bad wurde der Doppelwaschtisch mit Spiegelschrank und seitlichem Nischenbereich in die Schrankwand integriert, daneben, verborgen hinter einer Drehtür, die Toilette. Der Clou im Arbeitszimmer ist ein ausklappbarer Schreibtisch, umgeben von Akten- und Büroschränken.

Fotografien: K+W Fotografie

Kaminmöbel mit Bar und Weinkühlschrank

Das Kaminmöbel bietet eine Vielzahl unterschiedlicher Funktionen, jedoch in einheitlicher Gestaltung. An einer Längsseite des Kaminzugs ist die Medientechnik der gesamten Wohnung untergebracht: ein Fernseher, verborgen hinter einer hochfahrbaren Blende, sowie ein Multiroom-System, mit dessen Hilfe jeder Raum der Wohnung, einschließlich der Bäder, individuell beschallt werden kann. Die zugehörigen Lautsprecher wurden teilweise verdeckt in den Trockenbau eingespachtelt. Auf der gegenüberliegenden Seite inszeniert eine verglaste Tür den Weinkühlschrank, daneben befindet sich die raumhohe Holzlege für die Feuerstelle an der Schmalseite. Besonders originell ist die herausklappbare Bar an der zur Glasfassade orientierten Seite: Zugeklappt liegt sie ebenso oberflächenbündig in der Möbelfront wie die beiden herausziehbaren Hocker.

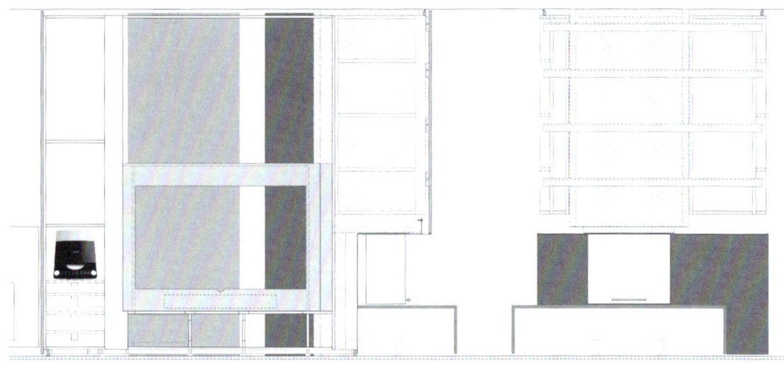

Vertikalschnitte

Korpusse und Fronten: MDF-Platte, überwiegend Eichenfurnier, weiß pigmentiert matt lackiert, übrige Beschichtung durchgefärbtes HPL
Holzlege: Edelstahl
Maße (l x h x t in cm): 310/265/180

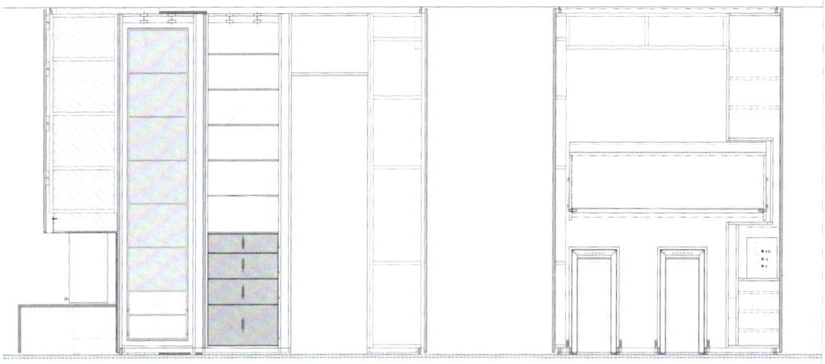

Vertikalschnitte

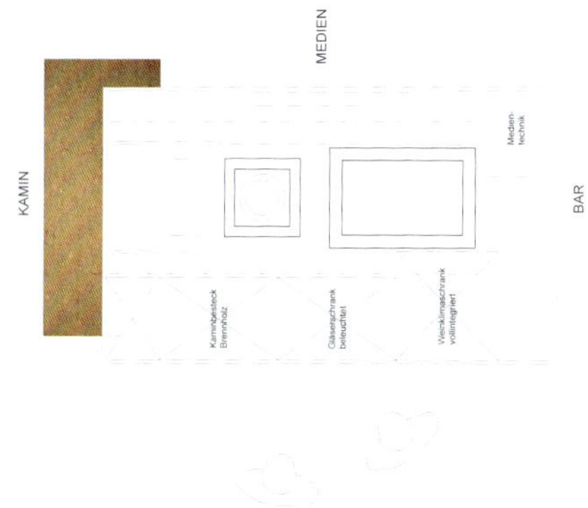

Horizontalschnitt

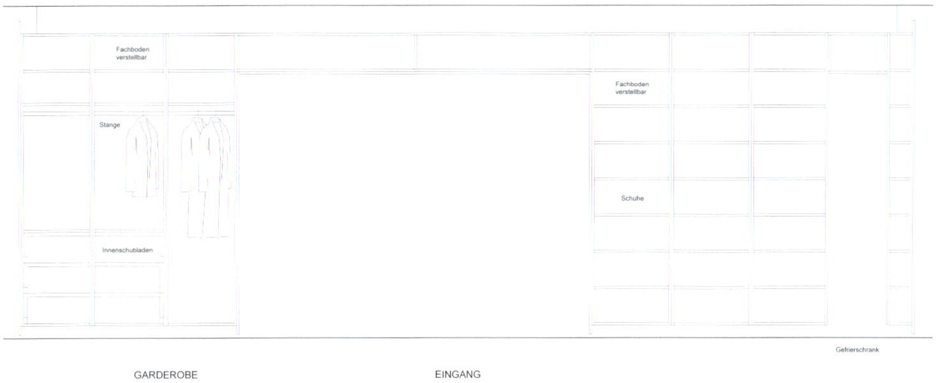

Vertikalschnitt des Garderobenschranks im Eingangsbereich

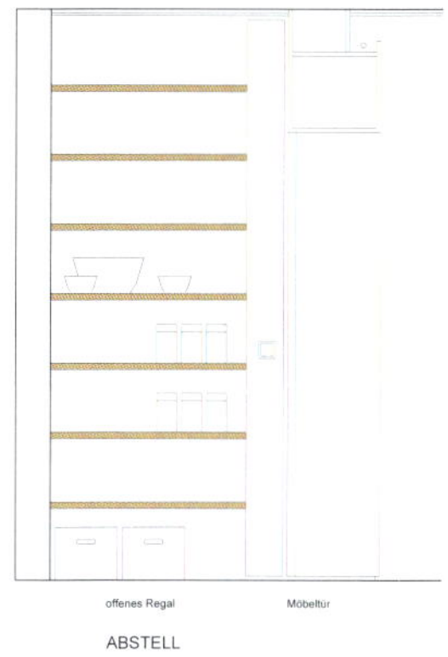

Vertikalschnitt der Abstellkammer

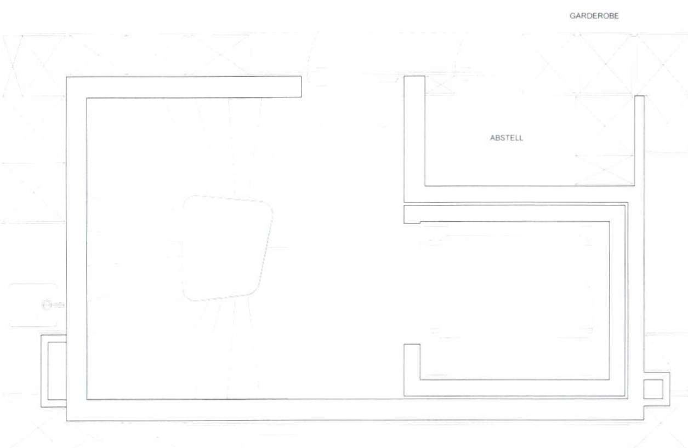

Horizontalschnitt des Erschließungskerns mit Möbelumbauung

Multifunktionale Erschließungskernumbauung

Der mitten in der Wohnung gelegene Erschließungskern mit Treppenhaus und Aufzug ist wie ein frei im Raum stehendes, übergroßes Möbel gestaltet. An drei Seiten sind unterschiedlichste Möbel mit einheitlichen Fronten angeordnet: An den Schmalseiten die Küche und ein indirekt beleuchtetes Bücherregal, an der Eingangs-Längsseite Garderobenschränke und eine Abstellkammer sowie an der gegenüberliegenden Längsseite drei Schränke, verbunden und komplettiert durch eine gerahmte, beleuchtete Nische. Von der Decke ringsum durch einen indirekten Lichtkranz und vom Boden durch eine dezente Schattenfuge abgesetzt, verstärkt sich der Eindruck, dass das Großmöbel jederzeit herausnehmbar ist, was den Raum noch großzügiger macht – ein so simpler wie intelligenter Kniff.

Korpusse und Auszüge: MDF-Platte, überwiegend Eichenfurnier, weiß pigmentiert matt lackiert, übrige Beschichtung durchgefärbtes HPL
Fronten: MDF-Platte, weißer Schleiflack
Maße (l x h x t in cm, inkl. Küchenhochschrank): 738/265/439

Horizontalschnitt Hochschrank mit Aufsicht Küchenblock

Küche
(Teil der Erschließungskernumbauung)

In geschlossenem Zustand gleichen die Fronten der Küchenhochschränke an einer der beiden Schmalseiten des Erschließungskerns denen entlang der drei anderen Seiten, lediglich im Ausschnitt des Spülbeckens sind sie ein Stück zurückversetzt. Der monolithisch aus Mineralwerkstoff gefertigte Küchenblock ergänzt dezent das Arrangement. Das geschlossene Bild ändert sich völlig mit Öffnen der Türen und Auszüge (siehe nächste Seite): Die Korpusse und Schübe in Eiche weisen nicht nur vielfältige Funktionen und Geräte, sondern auch besonders hochwertig gearbeitete handwerkliche Details auf. Ein solches stellen auch die außenseitig in den Mineralwerkstoff gefrästen Steckdosen dar.

Korpusse und Auszüge: MDF-Platte, Eichenfurnier, weiß pigmentiert matt lackiert
Fronten: MDF-Platte, weißer Schleiflack
Küchenblockoberfläche, -fronten und -seiten, Arbeitsfläche Auszüge: Eiche massiv, gezinkte Ecken
Rückwand Hochschrank: Mineralwerkstoff
Maße Küchenblock (l x h x t in cm): 400/94/72
Maße Küchenzeile (l x h x t in cm): 439/265/68

Möbelwand mit Arbeitsplatz, Waschtisch und Kleiderschrank

Die gesamte Rückseite der privaten Bereiche nimmt ein raumhoher Schrank ein. Wieder verbergen sich hinter identischen Fronten unterschiedlichste Funktionen: im Schlafraum ein Kleiderschrank mit automatischer Innenbeleuchtung und elektrisch betriebenem Lifter, der auf Knopfdruck die über Kopfhöhe befindlichen Kleiderstangen um 90 Grad nach vorn und somit nach unten klappt. Im anschließenden Bad wurde sogar die Toilette hinter einer scheinbaren Schranktür verborgen, daneben in einer offenen Nische der Doppelwaschtisch. Im anschließenden Arbeitszimmer lässt sich der Schreibtisch in die Schrankwand falten. Umgeben wird er von Büroschränken.

Korpusse und Fronten: MDF-Platte, überwiegend Eichenfurnier, weiß pigmentiert matt lackiert, übrige Beschichtung durchgefärbtes HPL
Maße (l x h x t in cm): 1118/265/73

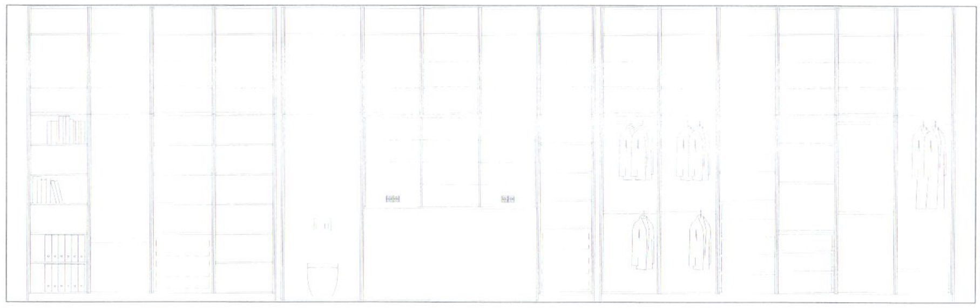

Längsschnitt

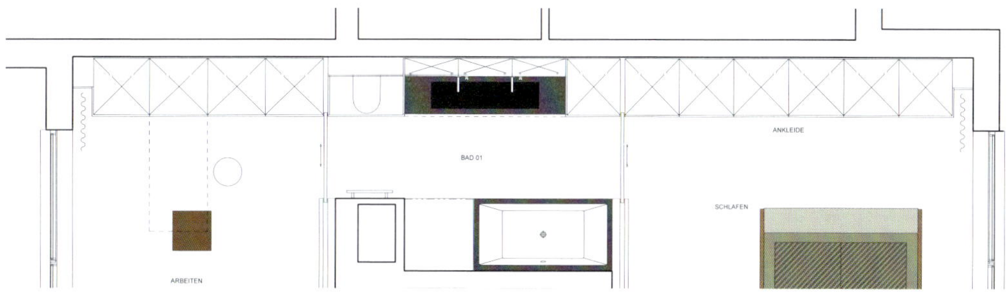

Horizontalschnitt

Detailfotos des klappbaren Schreibtischs.

Raffiniertes Möbelkonzept für ein Haus mit Galerie

Bücherregale // **Treppenmöbel** // Raumteilerschrank mit Kleinküche // **Garderobe** // Kleiderschränke

Entwurf: Heym; Lemp; Holzrausch // Ausführung: Holzrausch

Zentrum des frei stehenden neu gebauten Einfamilienhauses ist ein großer Wohnraum, der sich teilweise über zwei Ebenen erstreckt und mit dem Obergeschoss auf ganzer Raumbreite über eine Galerie offen verbunden ist. Auch die allseitig frei im Raum stehende einläufige Sichtbetontreppe beginnt hier und läuft senkrecht auf die Galeriebrüstung zu. Nach einem Zwischenraum von einigen Metern setzt sie sich in gleicher Lauflinie fort als ebenfalls einläufige, jedoch in Holz ausgeführte Treppe hinauf ins Staffelgeschoss. Dort ist der Schlafbereich der Eltern mit Ankleide und Bad untergebracht. Das Galeriegeschoss darunter steht den Kindern zur Verfügung, für das Au-pair-Mädchen ist ein Schlafzimmer mit Bad und Pantryküche im Erdgeschoss vorgesehen. Im Untergeschoss befindet sich eine Sauna.

Der Innenausbau

Das Konzept des Innenbaus sah vor allen Schlafzimmern dezent eingefügte Wandschränke mit viel Stauraum vor. Auf voluminöse Möbel innerhalb der Bereiche von Eltern, Kindern und Au-pair-Mädchen konnte verzichtet werden, die Räume blieben frei und luftig. Geplant wurden die Einbaumöbel im Zusammenspiel mit dem Gebäudeentwurf.

Im Staffelgeschoss kommt die Treppe inmitten eines Raums an, der als Ankleide fungiert und zugleich der Erschließung von Schlafzimmer und Bad dient. Eine der Längsseiten des Raums wird vollständig von einem der erwähnten Einbauschränke eingenommen. Mit seiner glatten, weiß-matten Schleiflack-Oberfläche setzt er sich farblich kaum von den übrigen Wänden ab. Im Unterschied zu diesen wird er jedoch durch das filigrane Fugenmuster der Fronten gegliedert. Ein ganz ähnliches Bild findet sich eine Ebene tiefer, wo auf der Galerie und in dem von dieser nach hinten zu den Kinderräumen führenden Gang zwei Schränke in gleicher Machart übereck angeordnet sind. Weiterer Stauraum wurde hier in die Treppe zum Staffelgeschoss integriert: An beiden Längsseiten des frei im Raum stehenden Treppenmöbels hat man Zugriff auf Schubladen und Schrankfächer. Was auf den ersten Blick wirkt wie ein heller Treppenlauf zwischen zwei Wänden, die in dunklem Doussie-Holz kontrastieren, entpuppt sich bei näherem Hinsehen als Möbelkonstruktion von nicht zu unterschätzender Komplexität: Der Treppenlauf bildet hier tatsächlich die Oberseite des Möbels, im Unterschied zu anderen Fällen, bei denen ein Möbel unter einer statisch eigenständigen Treppe angeordnet wird; die durchgängige Front der Auszüge und Türen geht nahtlos über in die Oberfläche der seitlichen Begrenzungswände der Treppe.

Besonders bemerkenswert ist freilich der Einbauschrank in den Räumen des Au-pair-Mädchens, der hinter ebenfalls matt-weißer, durchgängiger Front nicht nur Stauraum und eine kleine Pantryküche beinhaltet, sondern auch den Durchgang zu einem kleinen Bad. Im Bad ist über dem Waschbecken ein Schränkchen mit drei vollverspiegelten Türen in die Wand eingelassen, rundum gerahmt von einer oberflächenbündigen Wandleuchte.

Ein weiteres individuelles Badezimmer-Kleinmöbel findet sich im Bad der Eltern, monolithisch wirkend und aus Räuchereiche gefertigt.

Den Auftakt der beschriebenen Schränke bildet ein Einbauschrank im Eingangsbereich hinter der Haustür, der neben Garderobenstangen, Regalböden und Schubladen auch ein Schuhregal hinter seiner matt-weißen Front bereithält. An den Schrank schließt sich eine ebenso schlichte Sitzbank mit Eichenholz-Oberfläche an. Die Kombination aus Schrank und Bank setzt im Untergeschoss die Sitzbank in der Saunakabine durch deren Verglasung hin fort.

Den Wohnraum bestimmen die gestalterisch wohl markantesten Elemente dieses Innenausbaus: fünf beinahe monumentale, gleichartige Bücherregale, in der Höhe bis zur Oberkante der Galeriebrüstung reichend, die an der weitgehend geschlossenen Seitenwand des Wohnraums

unten: Die Galerie mit den beiden Treppenläufen, der Brüstung mit eingelassener Lichtleiste sowie – nahezu unsichtbar – einem der beiden Kinderkleiderschränke (rechts hinten).

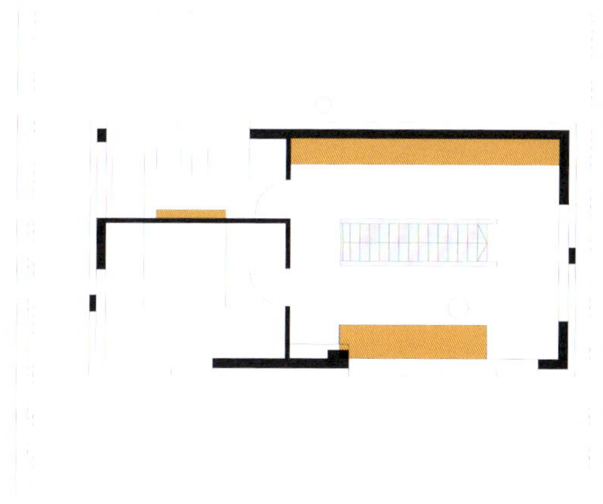

Zweites Obergeschoss

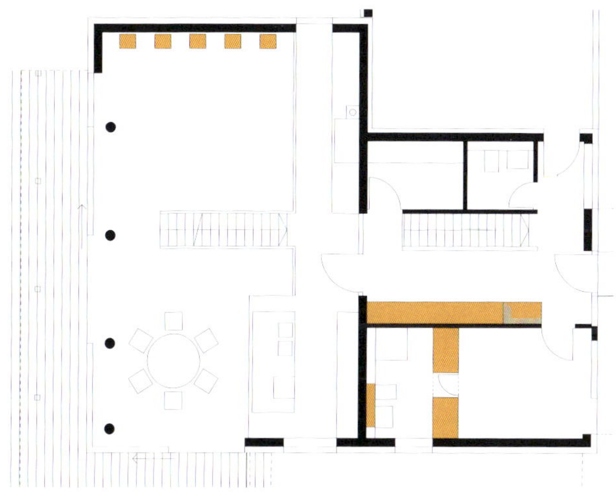

Erdgeschoss

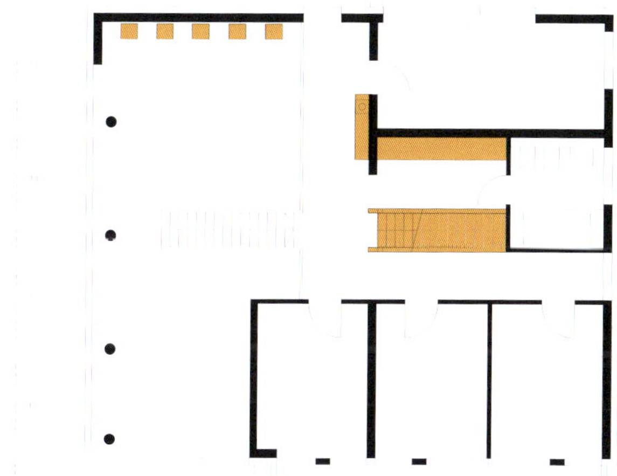

Erstes Obergeschoss

in gleichmäßigem Abstand aufgestellt sind. Sie zeigen nicht, wie üblich, mit ihren offenen Seiten zum Raum, sondern wurden, in doppelter Tiefe und zweiseitig zugänglich, mit ihren geschlossenen Seiten zur Wand beziehungsweise zum Raum hin aufgestellt – ähnlich wie in einer Bibliothek.

Fotografien: K+W Fotografie

oben links: Nach Art einer Himmelsleiter zieht sich die Treppe durch das gesamte Haus: Sie startet im Wohnraum als Sichtbetonfaltwerk und setzt sich nach der Galerie als Treppenmöbel in Holz fort.

oben rechts: Im Hintergrund des Wohnraums die ebenso markanten wie schlichten Bücherregaltürme.

rechte Seite: Das Besondere an den fünf Bücherregalen sind ihre Proportionen und ihre Anordnung im Raum, dem sie eine geschlossene Seite zuwenden; die schlanken Türme reichen bis zur Oberkante der Galeriebrüstung.

KUNST
ARCHITECTURE INSPIRATIONS

links: Im Zimmer des Au-pair-Mädchens trennt eine Schrankwand mit Durchgang das Bad ab; auch eine Pantryküche befindet sich hinter den weißen Fronten mit vertikalen Eingriffleisten.

oben: Im Elternbad hängt ein ober- wie unterseitig indirekt hinterleuchtetes Schränkchen mit beschlaglosen Räuchereiche-Fronten an der Wand, passgenau darunter eine individuelle Handtuchstange.

unten: In die Wand eingelassener Spiegelschrank mit rahmender Beleuchtung im Bad des Au-pair-Mädchens.

oben: Der Vorraum des Elternschlafzimmers im Obergeschoss dient zugleich als Ankleide, eine komplette Raumseite nimmt die Schrankwand mit weiß lackierten Fronten ein.

rechts: Die weißen Schrankfronten mit halbhohen vertikalen Eingriffleisten finden sich selbst bei der Sauna im Untergeschoss.

Ansicht Schrankfront

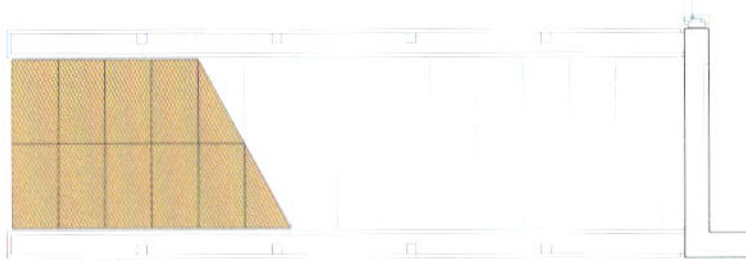

Horizontalschnitt

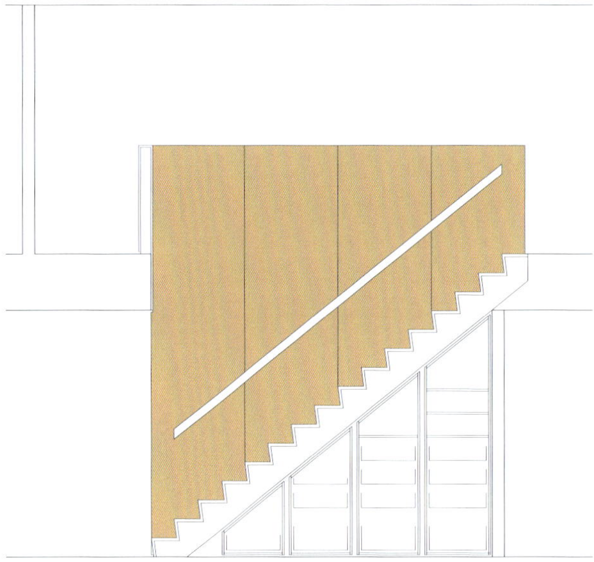

Längsschnitt

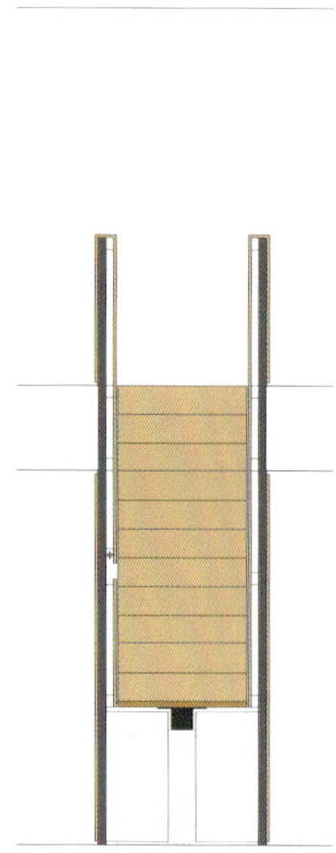

Querschnitt

Treppenmöbel

Konstruktiv gesehen, handelt es sich bei diesem Treppenmöbel um einen zweiseitig zugänglichen Schrank, dessen Oberseite der Treppenlauf bildet. Der Betrachter nimmt allerdings etwas Anderes war: Einen hellen Treppenlauf, beidseitig gefasst von eineinhalb Geschosse hohen, dunklen Seitenwänden mit hinterleuchteten Einfräsungen als Handläufe. Diese relativ wuchtig wirkenden Seitenwände führen nahtlos die Fronten des eigentlichen Schranks fort. Ein klarer Entwurf, bei dem die Gestaltung auf raffinierte Weise über die eigentliche Konstruktion hinwegtäuscht.

Treppenlauf: Eiche massiv
Korpusse und Auszüge: MDF-Platte, Eichenfurnier
Fronten: MDF-Platte, Furnier Räuchereiche, geölt
Maße (l x h x t in cm): 380/410/115

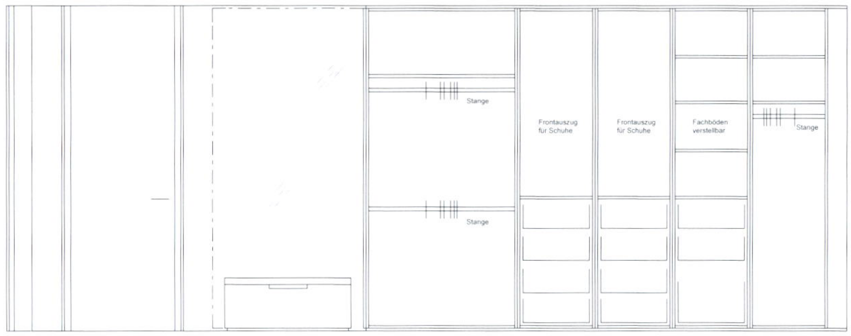

Vertikalschnitt

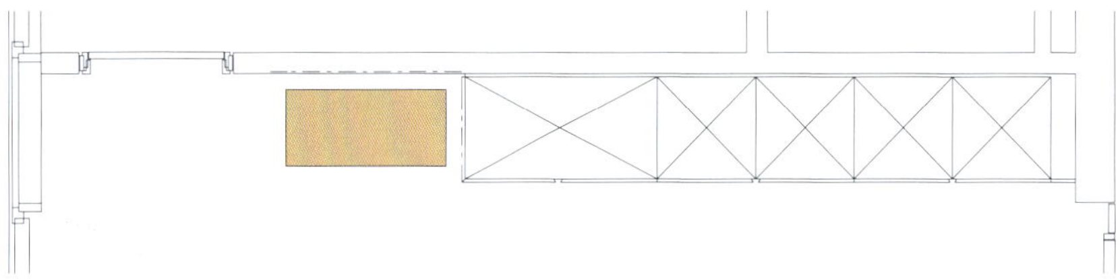

Horizontalschnitt

Garderobe

Auf den ersten Blick wirkt der Garderobenschrank im Eingangsbereich wie eine weiße Wand. Die Fronten sind schlicht, glatt und beschlaglos, von Boden und Decke setzen sie sich durch Schattenfugen ab. Jede zweite vertikale Zwischenfuge weitet sich bis etwa zur halben Schrankhöhe zur Grifffuge auf. Sowohl die Schubladen im unteren Bereich als auch die Gefache und die Schuhfächer, die ähnlich wie ein Apothekerschrank konstruiert sind, lassen sich so öffnen. Als durchgängiges Gestaltungselement findet sich die Anordnung der Grifffugen an sämtlichen Einbauschränken des Hauses wieder, wodurch unabhängig von den unterschiedlichen Funktionen ein einheitliches Bild entsteht. Ergänzt wird der Garderobenschrank durch eine kleine Holztruhe, die zugleich als Sitzbank dient.

Korpusse: Spanplatte, melaminharzbeschichtet
Fronten: MDF-Platte, weißer Schleiflack; eingefräste Grifffugen
Maße (l x h x t in cm): 360/242/65

Dachgeschossausbau einer Gründerzeitvilla

Einbauschränke und -sideboards // Kleiderschrank // Treppen-Hauswirtschaftsmöbel

Entwurf: Nieberg Architect // Ausführung: Tischlerei Krüger

Die denkmalgeschützte Villa wurde um 1900 nahe dem hannoverschen Stadtwald Eilenriede errichtet. Vor knapp zwei Jahrzehnten wurde das Dachgeschoss umgebaut und um Terrassen erweitert. Zwar war der Umbau sehr hochwertig, doch entsprach er in Wohnform und Stil nicht den Vorstellungen des neuen Eigentümers. Deshalb ließ er die gesamte Wohnung entkernen und in den Rohbauzustand zurücksetzen.

Nach der Umgestaltung erstreckt sich das Dachgeschoss auf zwei Ebenen mit loftartigem Charakter und fließenden Raumübergängen. Durch neue Deckenöffnungen entstand eine Schlafgalerie, die direkte Sichtbezüge zur Wohnebene bietet.

Wie bei mehreren Projekten in diesem Buch, beschränkten sich die eingesetzten Oberflächenmaterialien auf die harmonische Kombination aus Holz und Weiß: Alle Wände sind mit einer besonders matten weißen Farbe gestrichen, um die atmosphärische Wirkung des integrativen Lichtkonzepts zu unterstützen. Der Fußboden ist mit massiven Eichenholzdielen belegt. Lediglich das Bad ist mit portugiesischem Kalkstein ausgekleidet. Auch die Haustechnik wurde vollständig erneuert und in der gesamten Wohnung eine Fußbodenheizung eingebaut.

Der Innenausbau

Nur wenige eingestellte Möbel finden sich in dem großzügigen Raumkontinuum. Stattdessen gibt es mehrere Einbauschränke mit glatten, matt-weißen Fronten. Sie ordnen sich den Räumen soweit wie nur möglich unter, wirken eher wie Wandbekleidungen.

Wohn- und Essbereich haben jeweils identische Sideboards erhalten, die den seitlichen Abschluss der Räume unter der Dachschräge bilden. Die Schränke wirken wie Drempelbekleidungen.

Im Eingangsbereich wurde die vorhandene Stahltreppe mit Eichenholz bekleidet. In dem Raum unter der Treppe dient ein Einbauschrank auf gesamter Länge als Garderobe und Abstellfläche. Auch Waschmaschine und Trockner sind hier integriert, sodass der Bereich zusätzlich die Funktion eines platzsparenden und meist unsichtbaren Hauswirtschaftsraums bekam.

Auf der Galerie passt sich in eine Wandnische neben der Treppenbrüstung und vor der bestehenden Holzfachwerkkonstruktion ein über drei Meter hoher Einbauschrank ein. Ihm gegenüber, in der rückwärtigen, privateren Raumzone der Galerie, befindet sich das Bett. Etwas versetzt schließt der zum Wohn-Essraum über zwei Lufträume geöffnete Bereich an, der als Ankleide dient. Hier erstreckt sich unter die Dachschräge von Brüstung zu Brüstung ein raumgreifendes Sideboard als Kleiderschrank. Die indirekte Beleuchtung vor seinem zurückversetzten Sockel unterstreicht die Länge des Möbels. Gegenüber führt eine neue Eichenholztreppe zur Dachterrasse.

Viel Wert legte der Architekt auf die Einheitlichkeit des Erscheinungsbildes: Alle Schränke sind mit Druckbeschlägen ausgestattet, die Fugen so filigran wie möglich gefertigt. Alle Oberflächen, auch die inneren Böden und Schubfächer, sind matt-weiß lackiert.

Fotografien: Architekt

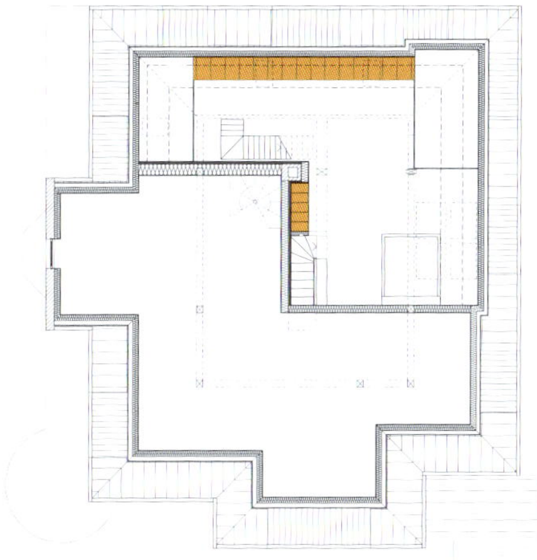

Obere Ebene

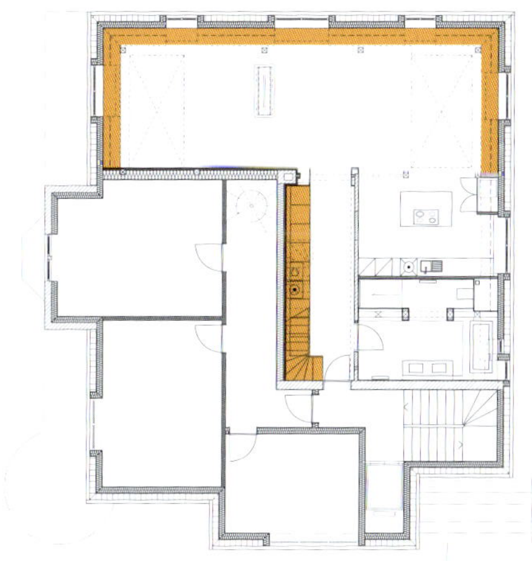

Eingangsebene

rechts: Blick vom Wohnraum zum Eingang, rechts das Treppen-Hauswirtschaftsmöbel, im Hintergrund der Antritt der Treppe.

unten: Der Wohnraum wird durch einen Ethanol-Kamin, der sich in allseitiger Offenheit als moderne Interpretation einer mittelalterlichen Feuerstelle versteht, in Wohn- und Essbereich zoniert; im Hintergrund, entlang der Außenwände, die ringsum laufenden Sideboards.

links: Ein überhoher Schrank auf der Galerie bietet viel Stauraum. Ganz in Weiß gehalten fügt er sich chamäleonartig in das hier ebenfalls weiß gestrichene alte Dachtragwerk ein.

unten: Gemeinsam mit dem Wohnbereich wird der Essplatz von einem durchlaufenden Sideboard vor dem Drempel gefasst; rechts schließen die Küchenschränke an, ähnlich gestaltet, jedoch doppelt so hoch.

Kleiderschrank

Die Galerie dient als Schlafbereich. Ähnlich den Sideboards, die den Wohnbereich fassen, wurde hier ein halbhoher Kleiderschrank unter der Dachschräge angeordnet, der beidseitig an Glasbrüstungen zu Lufträumen grenzt. Seine indirekte Sockelbeleuchtung unterstreicht die Länge des Möbels.

Korpusse und Fronten: MDF-Platte, 19 mm, weiß lackiert
Maße (l x h x t in cm): 759,6/113,2/91

Längsschnitt

Horizontalschnitt

Querschnitt

Treppen-Hauswirtschaftsmöbel

Dass Treppenzwickel zum Einbau von Schränken genutzt werden, ist nichts Ungewöhnliches. Eher schon die Unterbringung von Waschmaschine, Trockner und anderen Utensilien in einem Schrank, der bei Bedarf den Flur zum Hauswirtschaftsraum macht. Deshalb dürfte die hier gezeigte Verbindung von Treppenmöbel und Hauswirtschaftsraum einmalig sein.

Korpusse und Fronten: MDF-Platte, 19 mm, weiß lackiert
Maße (l x h x t in cm): 672/302/85

Vertikalschnitt

Horizontalschnitt

Miele

Wohnung mit wiederverwendeten Einbaumöbeln

Phonomöbel im Wohnzimmer // Bibliothek // Esszimmerschrank // Phonomöbel im Schlafzimmer

Entwurf: Ekkehard Schröer, Innenarchitektur Möbeldesign // Ausführung: Schreinerei Gehlich

Die Besitzer der hier vorgestellten Wohnung lebten zuvor in einer Splitlevel-Wohnung in unmittelbarer Nähe. Von Innenarchitekt Ekkehard Schröer hatten sie sich bereits vor einigen Jahren einen Phonoschrank und einen Geschirrschrank für ihren Wohn- und Essbereich planen lassen (siehe J. Kottje: *Einbaumöbel. Individuelle Lösungen im Detail*). Doch mit zunehmendem Alter machte sich das Ehepaar Gedanken über die Ebenenaufteilung der früheren Wohnung und beschloss, in niveaugleich zusammenhängende Räume umzuziehen. Diese bestehen unter anderem aus einem Wohn-Ess-Zimmer, an das über eine doppelflüglige Tür eine Bibliothek anschließt, sowie einem Arbeitszimmer.

Da die neue Wohnung erst vor wenigen Jahren renoviert worden war, gab es keinen Anlass für Eingriffe in die Substanz.

oben: Der Esszimmerschrank und das alte Phonomöbel wurden aus der früheren Wohnung der Bauherren übernommen und an die neue Situation angepasst.

Der Innenausbau

Auf die lieb gewordenen Einbaumöbel wollte das Ehepaar auch nach dem Umzug nicht verzichten und beauftragte daher Ekkehard Schröer mit einer Umplanung der Stücke für die räumlich völlig andere Situation.

Die deutlichste Standortveränderung erfuhr dabei der Esszimmerschrank: Zuvor neben einer Treppe mit etwas Abstand zum Boden in eine Wand eingelassen, steht er nun ebenerdig in einer Ecke des Raums. An seiner rechten Seite wurde ein kleines Sideboard eingefügt.

Der für das alte Wohnzimmer gebaute Phonoschrank fand seinen neuen Platz im Arbeitszimmer. Für das Wohnzimmer entstand ein an die neue Situation angepasstes Fernseh-Phono-Möbel. Es besteht aus einem niedrigen Wandbord für den Fernseher und einem raumhohen Schrank für die Stereoanlage und Tonträger. In eine Ecke des Raums eingepasst, kaschiert er mehrere Wandversprünge und sorgt für optische Ruhe. Seine beiden Seiten werden dezent durch Fugen zwischen den einzelnen Fronten gegliedert. Besonders markant ist allerdings der beleuchtete Schlitz zwischen den zwei herausdrehbaren CD-Türmen. Aus den Oberkanten der Schubladenfronten

wurden asymmetrisch angeordnete, breite Eingriffe herausgefräst und rückseitig mit dünnen Einlegern aus massiver Wenge gefüllt. Die Materialwahl nimmt Bezug auf das vorhandene Wenge-Parkett. Das dunkle Holz kontrastiert mit den ansonsten weiß lackierten Oberflächen des Möbels und verleiht ihm durch seinen sparsamen Einsatz in schmalen Streifen prägnante Eleganz.

Die Intention des Entwurfs war es, einen klar definierten Ort für die Unterhaltungstechnik zu schaffen und diese bei Nichtgebrauch hinter einer neutralen Hülle verbergen zu können. Offen gezeigt werden hingegen die Bücher in der anschließenden Bibliothek: Hier wurde an zwei Seiten übereck ein raumhoher Bücherschrank eingebaut. Er greift die schlichten weißen Fronten mit Wenge-hinterlegten Griffleisten auf, interpretiert jedoch zugleich klassische Bibliotheksmöbel neu. Über einem Unterbau mit geschlossenen Fronten sind etwa doppelt so hohe Regale angeordnet, die an der Längsseite des Raums mit verglasten Doppeltüren versehen sind. Unterhalb der Glastüren lassen sich an zwei Stellen flache Auszüge zum Ablegen von Büchern herausziehen. Ihre horizontal orientierten Eingriffe, wiederum Wenge-hinterlegt, bilden eine harmonische Ergänzung der hier ansonsten vertikal verlaufenden Eingriffe. In der Raumecke blieb das Regal auch im unteren Teil ohne Türen, wodurch der Charakter eines Scharniers entsteht und das Möbel an Leichtigkeit gewinnt.

Fotografien: Peter Stockhausen

Für den Wohnraum entwarf der Architekt ein in die Raumecke eingefügtes Phonomöbel; im Hintergrund die Bibliothek.

Grundriss

Phonomöbel im Wohnzimmer

Das neue Phonomöbel bietet mit Schubladen, flexiblen Einlegeböden hinter Schranktüren und ausklappbaren CD-Türmen bestens auf die jeweilige Nutzung abgestimmte Stauräume, umhüllt von weißen Fronten; ein beleuchteter Schlitz zwischen den CD-Türmen betont die Dreidimensionalität des Stücks. Das Möbel kaschiert außerdem eine Wandecke mit mehreren Versprüngen. Dunkel kontrastierende Einleger der Schubladeneingriffe geben dem Möbel eine dezente Eleganz. Ergänzt wird der Eckschrank durch ein niedriges Wandboard für den Fernseher.

Korpusse: Spanplatte, 19 mm, weiß beschichtet, sichtbare Kanten weiß lackiert
Fronten: MDF-Platte, 19 mm, weiß lackiert, Griffe hinterfräst, lackiert, Einleger
Griffe: Wenge massiv, 5 mm, klar lackiert
Maße (l x h x t in cm): 179,5/248,4/97,7

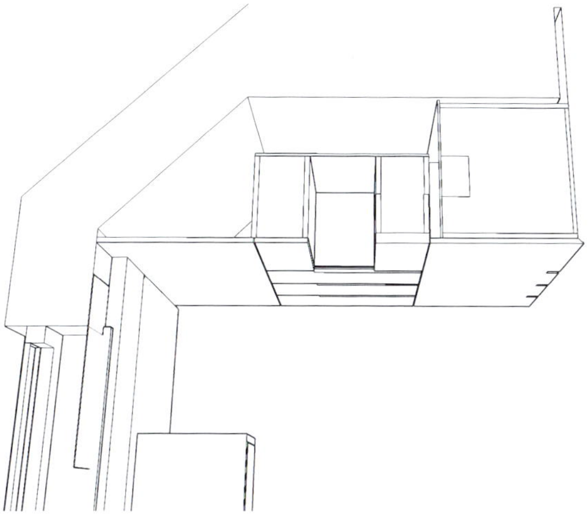

Isometrie von oben

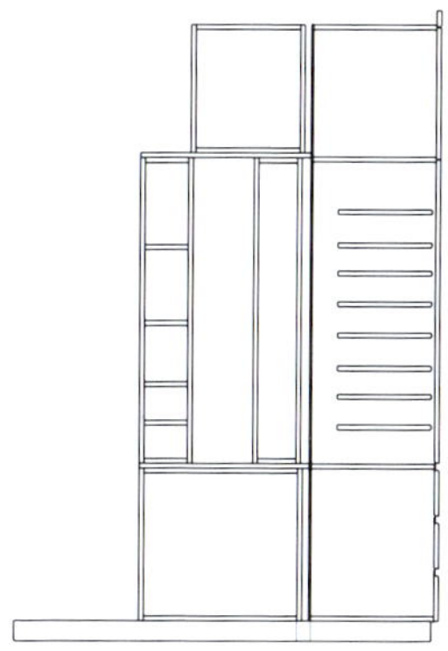

Vertikalschnitt

Bibliothek

Der Bibliotheksschrank mit übereck anschließendem, offenem Regal gibt sich als modern-elegante Interpretation klassischer Vorbilder. Niedrige Unterschränke mit lackierten Türen werden ergänzt durch doppelt so hohe Oberschränke mit gerahmten Glastüren. Dazwischen stehen Auszüge zum vorübergehenden Ablegen von Büchern bereit. Das Motiv der dunkel hinterlegten horizontalen Schubladeneingriffe des Phonomöbels wurde hier auf vertikale Eingriffe der Schranktüren übertragen.

Korpusse: Spanplatte, 19 mm, weiß beschichtet, sichtbare Kanten weiß lackiert
Fronten: MDF-Platte, 19 mm, weiß lackiert, Griffe hinterfräst, lackiert, Einleger
Griffe: Wenge, massiv, 5 mm, klar lackiert
Maße (l x h x t in cm): 713,4/234,5/40,8

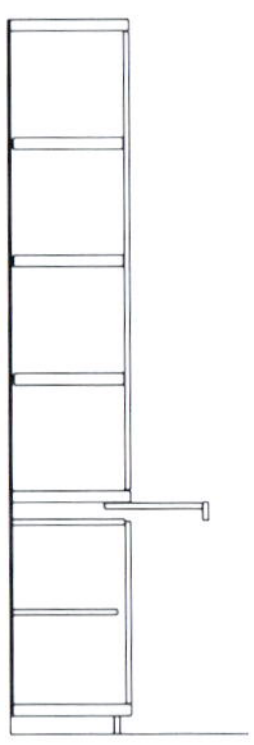

Vertikalschnitt

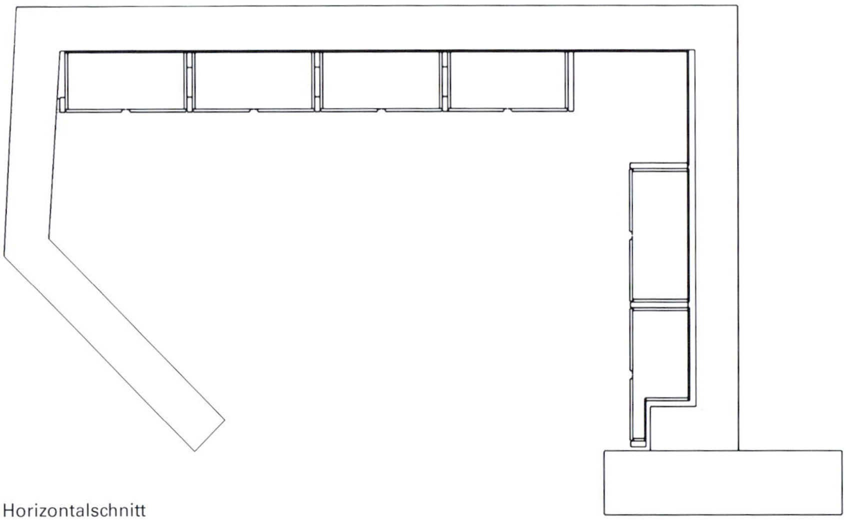

Horizontalschnitt

Australien
USA
Westen
LANZAROTE

Puzzle
3000
SIEDLER
NUESTRO MADRID
PARIS VU DU CIEL

Restaurierung einer klassischen Villa mit modernen Möbeln

Sofa // Bücherregale // Esszimmerschrank mit Kamin und Raumteilern // Küchenzeile // Garderobenschrank und Sitzbank // Ankleide // Badmöbel // Waschtische und Badschrank

Entwurf: Unterlandstättner Architekten // Ausführung: Gleißner Schreinerei & Innenausbau; Guttenberger Maximilian jun. Tischlerei; Wiedemann Werkstätten

Die 1930 errichtete Villa war in den letzten Jahrzehnten mehrfach umgebaut, durch einen unproportionierten Wintergarten ergänzt und im Erscheinungsbild der Fassaden grundlegend verändert worden. Der bauzeitliche Charakter des ursprünglich klar strukturierten Gebäudes mit harmonischen Proportionen von Großform und Details war weitgehend verloren gegangen. Die neuen Bauherren ließen das Haus von Grund auf sanieren und dabei die umfangreichen Umformungen zurückbauen.

Während es in solchen Fällen heute meist üblich ist, entweder den Ursprungszustand originalgetreu zu rekonstruieren oder ihn mit deutlich erkenntlichen Neuerungen zu kombinieren, wurden hier einige Änderungen im Stil unserer Zeit ganz bewusst, aber sehr anspruchsvoll mit dem Ursprungszustand verschmolzen. Dies betrifft etwa die Raumflucht aus Essen, Wohnen und Bibliothek: Einst durch klassische, zentrale Doppelflügeltüren verbunden, verknüpfen heute raumhohe Durchgänge an der Außenwandseite die drei Bereiche miteinander. Bei Bedarf lassen sie sich mit in den Querwänden versenkten Schiebetüren abtrennen. Aufgrund ihrer dezentralen Anordnung ermöglichen sie jedoch im Unterschied zur vorherigen Lösung auch eine permanente Öffnung der Raumflucht, ohne das Gefühl zu vermitteln, »im Durchzug zu sitzen«.

Neu und dennoch harmonisch eingefügt sind auch einige einheitlich gestaltete Anbauteile: Vordach, Balkon, Fensterbänke und Außentreppen wurden aus lichtgrau durchgefärbtem Beton gegossen. Dank einer hinter dem neuen Außenputz geführten Abdichtung konnte dabei auf sichtbare seitliche Aufkantungen verzichtet werden, was die Klarheit der äußeren Erscheinung im Detail stärkt.

Im Obergeschoss wird eine Hälfte des Grundrisses von der Abfolge der vier Schlafzimmer eingenommen, die andere von den drei Bädern und der Erschließung, zu der auch das originale Treppenhaus gehört.

Der Innenausbau

Unmittelbar nach Betreten des Hauses findet sich linker Hand die so puristisch wie charmant neu gestaltete Garderobe. Sie besteht aus einer Sitzbank mit Staufächern für Schuhe unterhalb des Fensters sowie dem eigentlichen Garderobenschrank ihr gegenüber. Beidseitig bündig eingefügt, setzt ihn eine indirekt beleuchtete Fuge von der Decke des Raums ab. Die in der Höhe durchgängige Front ist vertikal dreigeteilt, wobei die beiden linken Elemente als Falttür fungieren. Hier finden sich erstmals die im ganzen Haus anzutreffenden rechteckigen Schranktüreingriffe mit Eingrifftaschen, die hier mit blauem Baumwolltextil ausgekleidet sind.

Weiter geht es in der Bibliothek, wo die beiden Innenwände von frei stehenden, durch zurückgesetzte Sockel leicht schwebend wirkenden Bücherregalen eingenommen werden. In die weiß lackierten Möbel mit überwiegend offenen, unterschiedlich hohen Böden sind asymmetrisch einige geschlossene Staufächer mit beschlaglosen Fronten eingefügt. Eines der beiden Möbel nimmt zudem den Fernseher auf. In einen vorhandenen breiten Erker fügten die Planer ein bequemes Sofa ein: große kubische Sitzpolster, grau textilbespannt, auf einem zurückversetzten weißen Sockel aufliegend, mit großen flauschigen Kissen als Rückenlehne.

Zwischen dem anschließenden Wohnraum und dem darauffolgenden Essplatz spendet ein zu beiden Seiten verglaster Tunnelkamin Wärme. Aufseiten des Wohnraums ergänzt ihn im Versprung zur anschließenden Wandscheibe eine schlichte Sitzbank in Eichenholz, die zugleich eine Holzlege bildet. Im Winkel zur beschriebenen Raumflucht schließt an den Essplatz die Küche an. Ein raumhoher Schrank, der zu beiden Seiten Stauplatz bietet, unterteilt die Räume. Auch hier finden sich die Eingrifftaschen mit Stoffauskleidung wieder. Zwischen den Schrankkorpussen von Essplatz und Küche wurde wiederum eine raumhohe Schiebetür versenkt. Besonders mar-

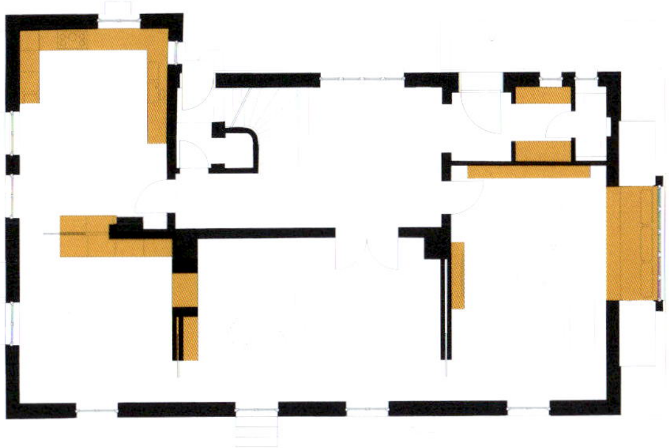

Erdgeschoss

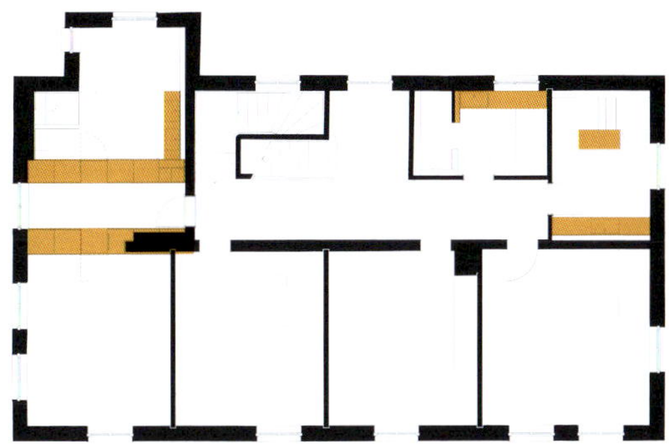

Erstes Obergeschoss

Die äußere Gestalt der Villa wurde sorgfältig restauriert. Einige Bauteile geben sich als Elemente unserer Zeit zu erkennen, ordnen sich jedoch dem klassischen Gesamtbild unter.

kant zeigt sich die im Winkel angeordnete Küchenzeile mit einer breit rahmenden Betonfertigteil-Arbeitsplatte und matt grau lackierten Nextel-Lack-Fronten.

Außergewöhnlich sind auch die Fronten in der Ankleide, die im Obergeschoss am Ende des Erschließungsflurs zugleich als Verteiler zwischen Elternschlafzimmer und zugehörigem Bad fungiert. Das bekannte Motiv der Türeingriffstaschen wurde hier umgedreht, die Fronten mit dem blauen Baumwollstoff bespannt, die Taschen weiß lackiert. Dem kleinen Raum, der den Auftakt des Schlafbereichs bildet, verleiht dies etwas Beruhigendes.

Unterschiedlich, aber aufeinander abgestimmt sind die Bäder: In allen finden sich Waschtische in Eiche, doch während in Elternbad und Gästezimmer für die Becken selbst einheimischer Muschelkalk Verwendung fand, wurden bei den beiden Kinderbädern konventionelle Keramikbecken eingesetzt. In beiden finden sich zudem Hochschränke mit Schmutzwäschekörben. Einer der beiden Schränke ist mit Eiche furniert, der andere weiß lackiert.

Fotografien: Christine Dempf (S. 103, 104 o., 105, 110–113/ Autor (übrige)

Im Eingangsbereich wurde die schöne originale Holztreppe erhalten.

links und oben: Die Garderobe wurde mit einem bündig eingefügten Einbauschrank und einer Sitzbank mit Auszügen und gepolsterter Auflage versehen; das Detail des Schranktüreingriffs findet sich auch an anderen Möbeln im Haus.

rechte Seite oben: Für alle Bäder wurden individuelle Waschtische und Toilettenschränke entworfen – hier das Elternbad mit Waschtisch und Wanneneinfassung aus regionalem Muschelkalk; der Doppelwaschtisch ist aus einem Block gehauen.

rechte Seite Mitte: In einem der beiden Kinderbäder wurde ein geräumiger hölzerner Waschtisch mit einer grün gefliesten Rückwand kombiniert; im Spiegel ist der auf Seite 112/113 im Detail vorgestellte Badschrank zu erkennen.

rechte Seite unten: Im zweiten Kinderbad ist der Schrank weiß lackiert.

Blick durch die Raumflucht aus Bibliothek, Wohnraum und Essplatz; die Durchgänge lassen sich durch wandeingelassene raumhohe Schiebetüren verschließen.

In der Bibliothek mit individuell entworfenen Bücherregalen wurde im Erker ein großes, gemütliches, ebenfalls eigens gefertigtes Sofa angeordnet – ein Entwurf, der zeigt, wie einfach gute Lösungen sein können.

Esszimmerschrank mit Kamin und Raumteilern

Den großen, im Winkel verlaufenden Bereich aus Wohnraum, Essplatz und Küche zonieren heute eine Wandscheibe mit zweiseitig sichtbarem Tunnelkamin und eine raumhohe Schrankwand, die Stauraum für Essplatz und Küche bietet. In diese wurde ebenso wie in die Kaminwand eine raumhohe, komplett versenkbare Schiebetür zur Abtrennung der einzelnen Räume eingelassen. Die Schranktüreingriffe nehmen das Motiv der mit Stoff ausgekleideten Quadrate auf.

Korpusse und Fronten: MDF-Platte, weiß lackiert
Maße (l x h x t in cm): 329/272/120

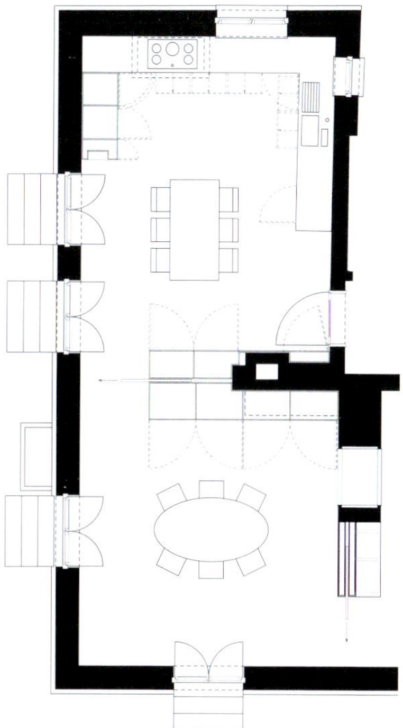

Grundriss

Querschnitt mit Schnitt Küchenzeile (links)

Ankleide

Vom Flur des Obergeschosses aus gelangt man in die Ankleide des Elternbereichs. Hier sind beidseitig Schrankreihen angeordnet, die zur einen Seite das Bad, zur anderen das Schlafzimmer abtrennen. Neben der Funktion als Raumteiler ist ihre Besonderheit die Stoffbespannung der Fronten. Während bei den anderen Schränken des Hauses die quadratischen Eingriffe mit dem Stoff ausgekleidet sind, wurden sie hier in dem Weiß der übrigen Schrankfronten lackiert.

Korpusse: MDF-Platte, weiß lackiert
Fronten: MDF-Platte, baumwollbezogen
Maße (l x h x t in cm): 458/268/70 und 458/268/73

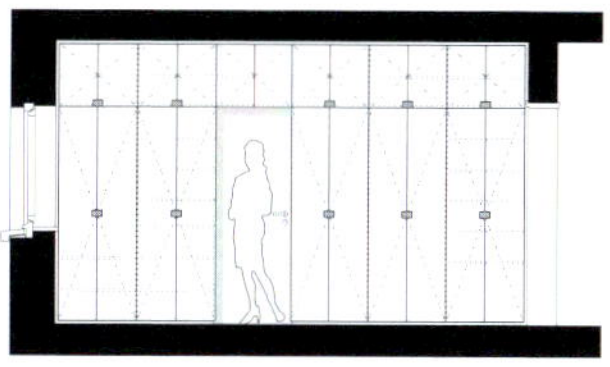

Schnittansicht

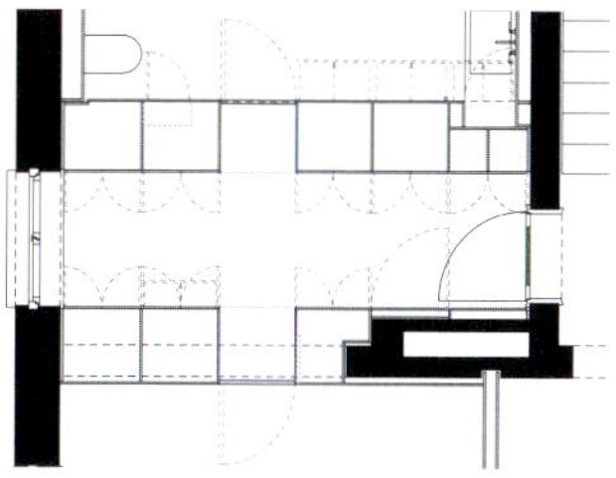

Horizontalschnitt

Badmöbel

Auch dieser Badschrank in einem der beiden Kinderbäder fungiert als Raumteiler: Hinter ihm befindet sich die Toilette, vom Bad aus weitgehend blickgeschützt. Der Schrank bietet eine offene Ablage, Einlegeböden hinter Türen sowie eine Klappe für Schmutzwäsche.

Korpusse: MDF-Platte, weiß lackiert
Fronten: MDF-Platte, Eichenfurnier, geölt
Maße (l x h x t in cm): 122/265/42

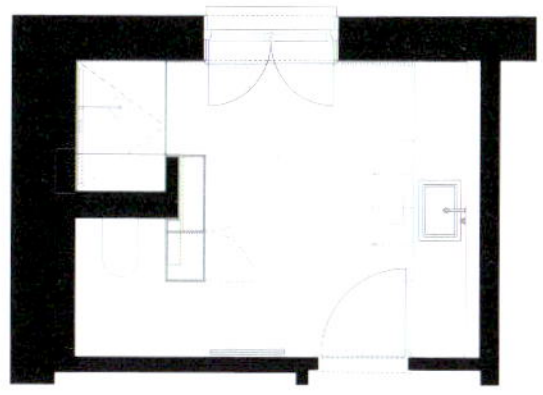

Horizontalschnitt

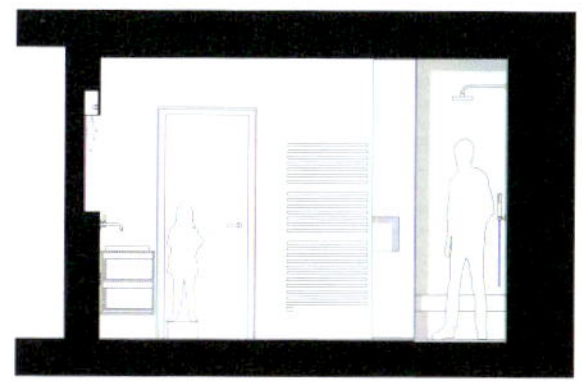

Schnittansicht

Edler Ausbau einer historischen Villa

Medienschrank // Erker-Sitzbank mit Bücherregal // Küchenausbau // Küchenblock und -schrank Gästewohnung // Sideboard mit Durchreiche // Garderobenschrank // Ankleide // Waschtische

Gebäudesanierung und -erweiterung: Unterlandstättner Architekten // Möbelplanung: Holzrausch; Unterlandstättner Architekten // Ausführung: Holzrausch

Die historische Villa wurde sorgsam restauriert und talseitig um einen Wellnessbereich mit gespitzter Sichtbetonfassade ergänzt.

Wie so vielen einst noblen Wohnhäusern erging es auch dieser Villa, die 1890 an einem relativ steilen Hanggrundstück errichtet wurde: Im Laufe eines guten Jahrhunderts wurde das für eine Familie geplante großbürgerliche Haus in zwei Wohnungen aufgeteilt und seine Architektur litt unter unvorteilhaften Baumaßnahmen.

Ziel der neuen Eigentümer war es, dem inzwischen denkmalgeschützten Gebäude im Wesentlichen seinen ursprünglichen Charakter wiederzugeben. Dabei sollte allerdings der Grundriss an ein paar Stellen sensibel an die individuellen Bedürfnisse der Bauherren angepasst werden: Neben der vierköpfigen Familie mit drei kleinen Kindern leben zeitweise die Großeltern mit im Haus, für die eigene Räume vorgesehen wurden.

Die innere Aufteilung entspricht im Erdgeschoss dem bauzeitlichen Villentypus mit einem großzügigen, mehrräumigen Wohnbereich, ist durch das Herausnehmen von Wandstücken aber offener gestaltet als früher. Im Obergeschoss befindet sich heute der Schlafbereich der Eltern mit großzügiger Ankleide, daneben der Wohnraum der Großeltern mit offener Küche und anschließendem Bad. Der zugehörige Schlafraum mit einem weiteren Bad fand unter dem Dach Platz, ebenso die Kinderzimmer.

Die äußerlich markanteste Veränderung gegenüber dem Ursprungszustand ist der talseitige Anbau eines Wellnessbereichs an das Hanggeschoss. Seine im Grundriss polygonal verlaufende Fassade besteht aus gespitztem Sichtbeton – ein stilisierter Fels am Hang, auf dem die alte Villa nun ruht.

Der Innenausbau

Die Villa wurde nach ihrer Sanierung in großem Umfang mit individuellen Möbeln ausgestattet. Ein Grundgedanke des Ausbaukonzepts war es, die in ihre ursprünglichen Proportionen zurückversetzten Räume nicht durch Einbaumöbel im eigentlichen Sinn zu verändern, sondern erlebbar zu belassen. Auch sollte die Architektur des Hauses nicht durch ein einheitliches und somit mächtiges Mobiliar beeinträchtigt werden. Daher entstanden recht unterschiedlich aussehende Möbel mit Fronten in sehr verschiedenen, jedoch durchweg glattflächigen und hochwertigen Materialien. Ganz ähnlich jedoch geben sich die Möbelkorpusse im Inneren: Überwiegend sind sie in Anthrazit gehalten und mit Melaminharz beschichtet, die Schubladen bestehen aus massiver Eiche mit gezinkten Verbindungen. Überhaupt Eiche: Das Holz bildet nicht nur den Fußbodenbelag, sondern findet sich auch an den Möbeln – naturbelassen und als Räuchereiche, letztere auch an Fronten und als Umleimer an Kanten.

Im Entree steht der Garderobenschrank, das äußerlich dezenteste der Möbel. Hinter schlichten Fronten in weißem Schleiflack, mit breiten Fugen als Eingriffe versehen, gibt es nicht nur Platz für Mäntel und Schuhe, sondern auch eine tiefere kleine Vorratskammer. Einen vorsichtigen Akzent setzt ein kleiner quadratischer Einschnitt als Schlüsselablage. Hier befinden sich auch Lichtschalter und der Schalter zum Öffnen des Garagentors. Obgleich

Erdgeschoss

Obergeschoss

zwischen zwei Mauervorsprüngen eingefügt, reicht der Schrank nicht bis zur Decke, sondern setzt sich von dieser mithilfe einer indirekten Beleuchtung ab. Durch die vollflächig wahrnehmbare Decke bleibt der Raum in seiner eigentlichen Dimension erlebbar.

Hinter der Garderobe, in der Gästetoilette, greift das aus einem grün-schwarzen Findling gehauene Handwaschbecken die changierende Farbigkeit der originalen Wandfliesen im Entree auf.

Gegenüber dem Eingangsbereich führt eine Tür zur Küche mit nahezu quadratischer Grundfläche. Dort verläuft die Arbeitsfläche aus Muschelkalk entlang den beiden Außenwänden mit jeweils einem Fenster. Die Fronten der Unterschränke sind mit Räuchereiche furniert und mit aus Massivholz gefrästen Griffleisten ausgestattet. Die Korpusse folgen im Inneren dem beschriebenen Muster, wobei der Boden der Besteckschubladen aus anthrazitfarbenem Linoleum besteht.

Der Hochschrank an der Eingangsseite der Küche kontrastiert dazu mit glatten weißen Fronten, hinter denen sich auch der Kühlschrank sowie vor Kopf ein Gläserschrank verbergen. Dampfgarer und Backofen sind allerdings mit Glasfronten ausgestattet. In der Raumecke kragt der obere Teil des Schranks über die Arbeitsplatte hinweg. In der so entstandenen Nische findet etwa die Kaffeemaschine Platz. Dem oben beschriebenen Grundgedanken folgend, reicht der Schrank nicht bis unter die Decke und wirkt somit weniger wie ein Einbaumöbel als frei eingestellt.

Von der Küche gelangt man über eine Loggia in das zentral gelegene Esszimmer. Ein Möbel verbindet beide Räume: die Oberseite des Sideboards, die über ein Mauerfenster als Durchreiche in die Küche führt. Das kompakte Hängemöbel, dessen äußere Oberflächen ein Maler in

120 Jahre nach seiner Entstehung erhielt das Haus sein ursprüngliches Antlitz wieder.

links: Nicht nur das Äußere, auch der Grundriss im Erdgeschoss entspricht heute wieder weitgehend dem ursprünglichen Zustand. Die Räume wurden lediglich durch Herausnehmen von Wandstücken etwas luftiger gestaltet.

rechte Seite: Ein leicht erhöhter Erker wurde zur lauschigen Leseecke mit einer kleinen Auswahl an Büchern ausgebaut.

Spachteltechnik angefertigt hat, bietet Stauraum für Spirituosen und die zugehörigen Gläser auf Glaseinlegeböden. Seine Spiegelrückwand und die sensorgesteuerte Innenbeleuchtung erhöhen den flirrenden Effekt beim Öffnen. Hinter einer der Fronten ist zudem ein zur Stereoanlage gehörender Subwoofer untergebracht.

Die Stereoanlage selbst verbirgt sich hinter der blauschwarzen Linoleumfront des Medienschranks im Wohnzimmer. Weitere Boxen und ein Fernseher hinter Dreh-Einschubtüren komplettieren dessen Innenleben. Seine wichtigsten Türen haben handgefräste Griffe aus massivem Messing, deren Oberflächen sich in geschlossenem Zustand zu einem Quadrat fügen.

Wer lieber liest als fernzusehen, findet im Erker neben der Loggia das passende Möbel vor: ein niedriges Brüstungsregal, das sich dreiseitig unterhalb der Fenster entlangzieht und entlang seiner Längsseite eine mit Kalbsleder ummantelte Sitzauflage bietet. Aus MDF-Platten mit Schleiflack-Oberfläche gefertigt, zeigt es, dass auch ein simples Möbel ohne besondere Effekte einen Raum wesentlich prägen kann.

Der Wohnraum der Großeltern befindet sich im Obergeschoss. Die offen eingefügte Küche ist Bestandteil des Möbelkonzepts. Auch sie wirkt wie ein lose eingestelltes Möbel, der Küchenblock scheint sogar über dem Boden zu schweben – ein Effekt, der durch eine indirekte Beleuchtung noch verstärkt wird. Das Möbel ist rundum mit weiß durchgefärbtem Schichtstoff belegt, die Kanten der Schubladenfronten erhielten Umleimer aus Räuchereiche, passend zu den Schubladen-Korpussen, die aus massiver Räuchereiche bestehen. Mit Räuchereiche furniert sind auch die als Dreh-Einschubtüren gestalteten Fronten des Küchenhochschranks. Sie verbergen im geschlossenen Zustand nahezu die gesamte Küchenausstattung mit Spüle, Backofen und Kühlschrank. Hier fanden aus Gründen einfacher Pflege überwiegend Edelstahloberflächen Verwendung.

Ganz ähnlich geben sich die beiden Ankleiden im Bereich der Eltern und der Großeltern. Sie wurden in der Höhe wieder von den Decken abgesetzt, ihre Türen sind möbelhoch. Auch diese Fronten sind mit einem optisch wie haptisch angenehmem Material bekleidet: grauer Filz, in beiden Räumen im Elternbereich ergänzt durch Massivholzgriffleisten, die auf ganzer Höhe durchlaufen und im Farbton des Filzes mit mattem Nextel-Lack beschichtet sind; bei den Großeltern kombiniert mit halbhohen Eiche-Griffleisten. Hinter den Fronten wieder anthrazitfarbene Melaminharz-Beschichtung und partiell angeordnete Schubladen aus massiver Eiche. Erwähnenswert sind außerdem die in ausziehbare Eichenholz-Rahmen eingehängten Wäschesäcke.

Teil des Möbelkonzepts sind auch die Waschtische in den Bädern. Sie wurden ähnlich, jedoch nie gleich gestaltet: Auf die Unterschränke mit weißen Fronten sind die aus echtem kristallinem Dolomiten-Marmor (Sivec) gehauenen Becken aufgesetzt. Teilweise ergänzen kalbslederummantelte Sitzauflagen die Möbel.

Fotografien: K+W Fotografie (Innenaufnahmen) / Michael Heinrich (Außenaufnahmen)

LUXURY TOYS

linke Seite: Die Bäder haben eigens entworfene großzügige Waschtische aus Dolomitenmarmor erhalten, die nebenbei eine Sitzbank und Auszüge – etwa für Schmutzwäsche – bieten.

ganz links: Detail des Waschtischs in einem der Kinderbäder: Hinter weißen Fronten verbergen sich Schubladen mit Eiche-Massivholz-Korpussen.

links: In den Ankleiden finden sich durchdachte Details wie ausziehbare und herausnehmbare Wäschesäcke

unten: Der Schrank im Eingangsbereich ist mit anthrazitfarbenen Korpussen, in die partiell Schubladen aus Eiche eingesetzt sind, ausgestattet; die glatten Türen wirken durch die großen Raumhöhen besonders schlank. Im Eingangsbereich sind sie lackiert und werden über Fugen geöffnet, ihre Pendants in den Ankleiden sind mit Filz bespannt und mit an den Rändern aufgesetzten Griffleisten versehen.

Der Kantenanleimer der Schublade des Küchenblocks nimmt die Materialität der Hochschrankfronten auf.

Die Küche in der Gästewohnung kombiniert weiße Oberflächen mit dunklem Holz; im Vordergrund der »schwebende« Küchenblock mit Herd; der in Edelstahl gefasste Hochschrank lässt sich bei Nichtgebrauch komplett schließen, um in dem auch zum Wohnen genutzten Raum ein neutrales Ambiente zu schaffen.

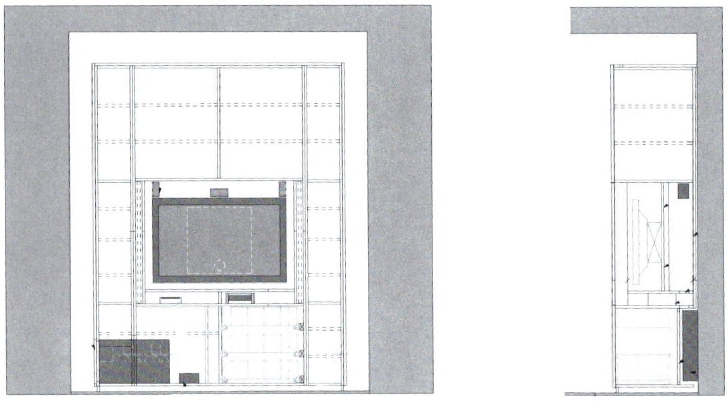

Vertikalschnitte

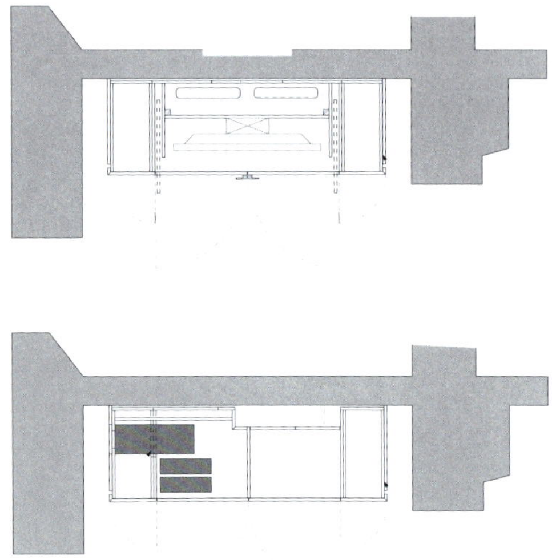

Horizontalschnitte

Medienschrank

Besonderes Merkmal des Medienschranks ist seine äußerst elegante Zurückhaltung. Dadurch treten die sich zum Quadrat verbindenden Messinggriffe der vier wichtigsten Türen markant hervor. Hinter zwei der Fronten, als Drehschiebetüren ausgebildet, befindet sich der Fernseher, hinter den beiden anderen die Stereoanlage. Mit blau-schwarzem Linoleum bezogen, bieten die dunklen Fronten auch haptisch eine hohe Qualität.

Korpusse: MDF-Platte, Furnier Räuchereiche
Fronten: MDF-Platte, mit blau-schwarzem Linoleum belegt
Griffe: Messing
Maße (l x h x t in cm): 197/245/67

Küchenausbau

Besonders aufwendig detailliert ist die Möblierung der Küche. Da die Höhe der Muschelkalk-Arbeitsflächen durch die recht niedrigen Fensterbrüstungen vorgegeben war, entwickelten die Planer mobile Erhöhungen aus Massivholz und ließen die aus einem Muschelkalkblock gefertigte Spüle oben überstehen, von der Arbeitsfläche abgesetzt durch eine Schattenfuge. Hinter den Räuchereiche-Fronten der Unterschränke finden sich unter anderem unterschiedliche Besteckeinsätze. Gerätschaften wie Backofen, Dampfgarer und Kühlschrank sind im weiß lackierten Hochschrank, der einseitig über die Küchenzeile kragt, untergebracht.

Küchenzeile
Korpusse: Eiche massiv, gezinkt
Fronten: MDF-Platte, Furnier Räuchereiche
Arbeitsplatte: Muschelkalk; Spülbecken fugenlos aus Muschelkalk gehauen
Auflageelemente: Teakholz
Böden Besteckschubladen: Linoleum anthrazit
Maße (l x h x t in cm): 755 (übereck)/84/68

Hochschrank
Korpusse: MDF-Platte, Melaminharzbeschichtung anthrazit
Fronten: MDF-Platte, weißer Schleiflack; schwarze Glasgeräte
Maße (l x h x t in cm): 219/254/58

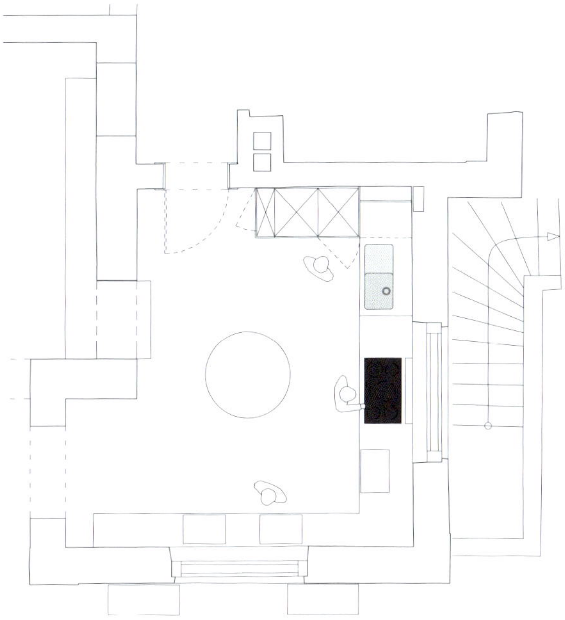

Aufsicht

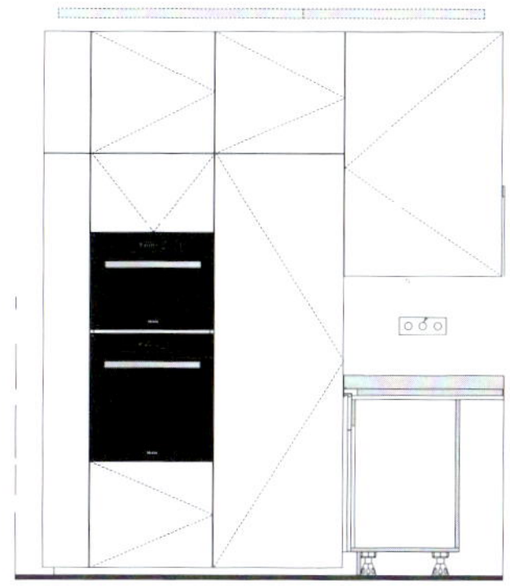

Schnittansicht

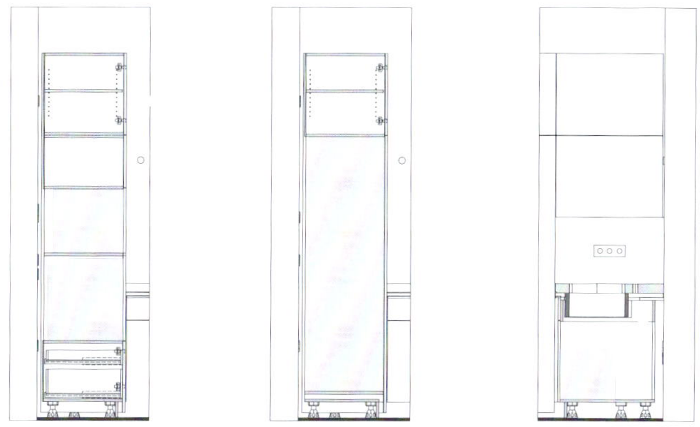

Querschnitte

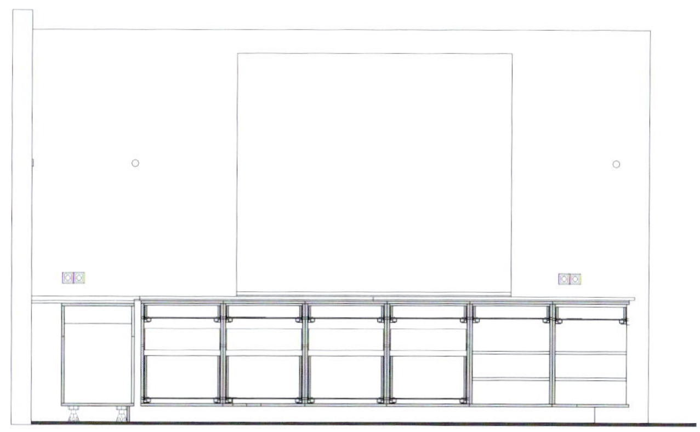

Längsschnitt

Blick durch die Durchreiche in die Küche.

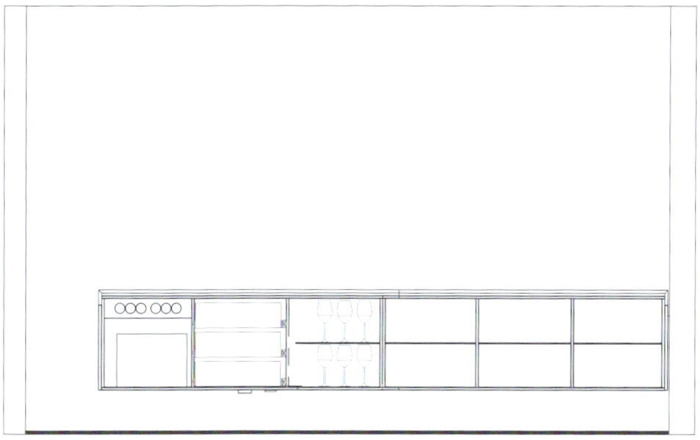

Längsschnitt

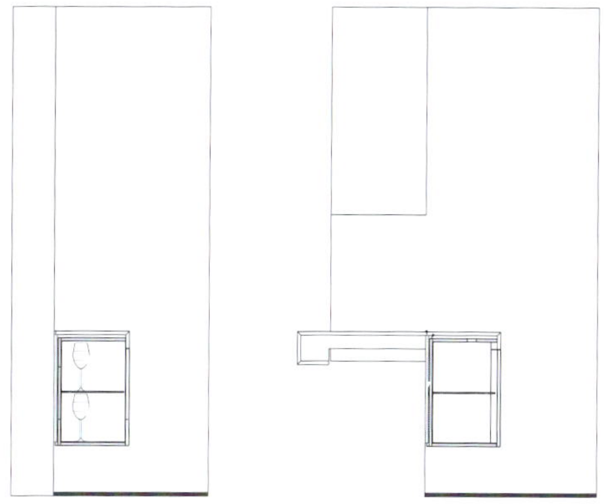

Querschnitte

Aufsicht

Sideboard mit Durchreiche

Die Oberseite des wandhängenden Sideboards führt durch eine kleine Maueröffnung als Durchreiche in die Küche weiter. Die unkonventionelle Oberfläche des Möbels gestaltete ein Maler in Spachteltechnik. Hinter den sechs Türen befinden sich unter anderem ein voll verspiegelter, beleuchteter Gläserschrank, ein Fach für Spirituosen sowie ein Subwoofer der im Wohnzimmer untergebrachten Stereoanlage.

Korpusse: MDF-Platte, teils mit Aluminium bekleidet, teils verspiegelt
Einlegeböden: Glas
Schubladen: Eiche massiv
Oberseite und Fronten: MDF-Platte, Oberfläche in Messingspachteltechnik
Maße (l x h x t in cm): 387/94/122

Ankleide

Die Ankleide der Eltern bietet mit dreiseitig angeordneten filzbespannten Schränken ein ruhiges Ambiente. Durch den oberseitigen, indirekt beleuchteten Abstand zur Decke wird ein einengendes Gefühl in dem relativ kleinen Raum vermieden. Hinter den einheitlichen Schrankfronten finden sich vielfältige Unterteilungen und Funktionen.

Korpusse: MDF-Platte, anthrazitfarbene Melaminharzbeschichtung
Fronten: MDF-Platte, mit Filz bespannt
Griffleisten: Massivholz, graue Nextel-Lackierung
Maße (l x h x t in cm): 775 (übereck)/264/70

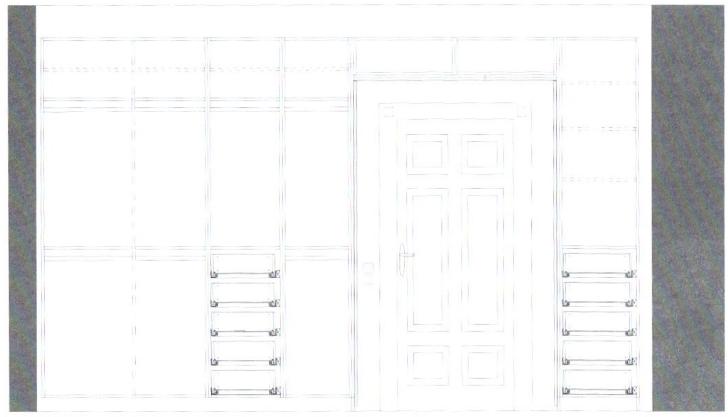

Vertikalschnitt Eingangsseite

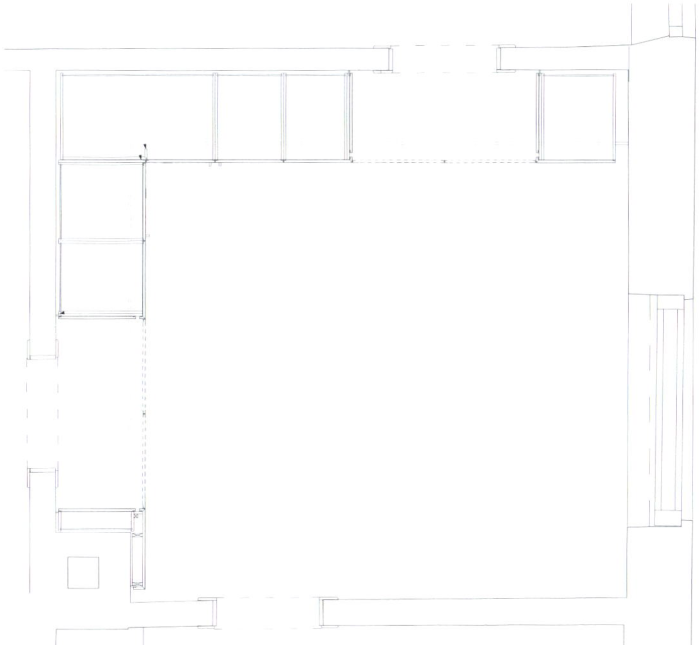

Horizontalschnitt

Dachgeschossausbau mit Möbeln in einem Siedlungshaus

Medienmöbel // Küchenblock mit Esstisch // Kleinregale und Glasschrank // Einbauschränke // Bett im Erker // Badmöbel

Entwurf: architektur+raum, Peter Fakler // Ausführung: OH! Oskar Hoffmann Bau- und Möbelschreinerei

Das Haus mit vielen traditionellen Allgäuer Stilelementen erbauten in den 1960er-Jahren die Großeltern der heutigen Bauherrin. Während nun die Eltern das Erdgeschoss bezogen, sollte unter dem Dach eine moderne Wohnung für die Bauherrin und ihren Lebensgefährten entstehen. Hierzu ließ sie im Erdgeschoss den Eingang an die rechte Seite des Hauses verlegen; anstelle des ursprünglichen Eingangsbereichs entstand ein kleiner Wintergarten. Das Dachgeschoss wurde bis auf wenige Mauern komplett abgetragen und neu errichtet. Es bietet heute auf 90 Quadratmetern einen im Winkel angelegten Wohnraum mit frei stehendem Küchenblock und anschließendem Essplatz. Vorgelagert findet sich ein großer Balkon mit feingliedrigem Lärchenholzboden und Glasbrüstung. Der Küche zugeordnet ist eine in die neue Dachkonstruktion eingefügte überdachte Loggia als lauschiger Sitzplatz mit Abendsonne. In die rückwärtigen Hochschränke der Küche ist die Tür zum großzügigen Badezimmer mit Wanne und Dampfdusche integriert. Das einzige abgetrennte Zimmer der Wohnung unterteilt ein in die Dachschräge eingefügter Kleiderschrank in einen Arbeits- und einen Schlafbereich.

Das Erscheinungsbild des alten Siedlungshauses wird heute von der neuen Glasfassade im Dachgeschoss und dem Wintergarten anstelle des früheren Eingangs im Erdgeschoss geprägt.

Der Innenausbau

Das wohl ungewöhnlichste Möbel des Ausbaus ist das Doppelbett im Schlafbereich: Es schiebt sich aus der Außenwand heraus und geht mit seinem Nussbaumfurnierten Rahmen nahtlos in die kleine Erker-Konstruktion in Sandwichbauweise über, die in demselben Material gehalten ist. Sie bietet vor Kopf des Betts eine tiefe Ablagefläche anstelle von seitlichen Nachttischen und dahinter eine geschlossene Holzfläche mit Lüftungsklappe. Zu beiden Seiten des Erkers sind auf ganzer Höhe festverglaste Fenster angeordnet, die Abend- und Morgensonne aufs Bett scheinen lassen.

Der eigentliche Schlafbereich konnte dank des Einbaukleiderschranks auf die minimale Fläche des Betts mit einem schmalen Umgang begrenzt werden. Der Schrank ist hier von beiden Seiten zugänglich. Er setzt sich im Eingangsbereich vor der Zimmertür fort, sodass eine das gesamte Haus durchziehende Schrankwand entstanden ist. Beim Betreten der Wohnung stößt man zunächst auf die in den Schrank integrierte Wohnungstür, darauf folgt die Garderobe und nach der Badtür schließlich ein Küchenschrank. Gegenüber dem Garderobenschrank ist, an der Wand zum Wohnraum, ein weiterer Schrank untergebracht. Er setzt sich übereck – an der Schmalseite von Schrank und Kaminwand – fort in einen Gläserschrank mit Glastür und gläsernen Einlegeböden.

Der Gläserschrank ist eines von drei kleineren, wandeingelassenen Möbeln der Küche. Gegenüber finden sich in der hohen Drempelabmauerung zwei kleine Regale, das eine ergänzt um eine unscheinbare Tür zur Abseite, das andere um eine Nische für die Kaffeemaschine. Dominiert wird der Raum vom lang gezogenen Küchenblock mit Mineralwerkstoff-Arbeitsplatte, die optisch mit den weißen Lackoberflächen der Fronten verschmilzt, und eingelassenem Edelstahlspülbecken. Die Arbeitsplatte kragt ein Stück weit über die Unterschränke mit beidseitig zugänglichen Schubladen und Staufächern aus und wirkt hier wie auf dem ein Stück weit untergeschobenen, betont schlicht gehaltenen Nussholz-Esstisch aufliegend. Der für vier Personen ausreichende Tisch lässt sich bei Bedarf ausziehen und zusätzlich durch eine Ansteckplatte verlängern. Das derzeit bei vielen Küchenentwürfen zu findende Motiv – die Arbeitsplatte liegt auf dem Esstisch auf – findet hier eine funktionale und zugleich ästhetisch ansprechende Ausbildung.

Neben der Sitzgruppe einzige Möblierung des Wohnbereichs ist ein ebenfalls zum Gesamtkonzept gehörendes Medienmöbel mit zwei als Auszügen gestalteten Staufächern. Neben diesen bietet es Raum für die dezente Unterbringung einer Stereoanlage und der Empfangstechnik des darauf stehenden oder darüber hängenden Fernsehapparats. Eine Kabeldurchführung zum Arbeitsbereich auf der anderen Wandseite ermöglicht die musikalische Versorgung des Schlaf-Arbeitszimmers. Das Medienmöbel hängt in exakter Fortsetzung des oberflächenbündigen offenen Kamins und der wandeingelassenen Holzlege.

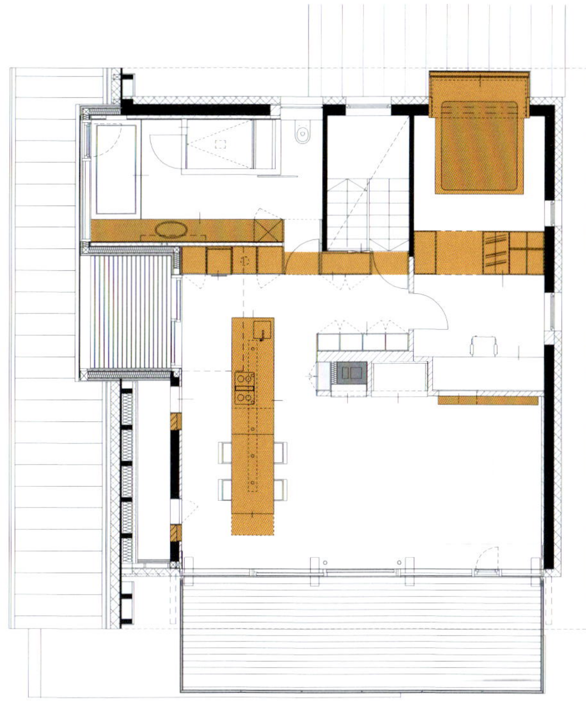

Grundriss

unten: Der großzügige Wohnraum setzt sich dank der kompletten Verglasung des Giebels im terrassenartigen Balkon fort.

Mit Ausnahme der erwähnten Materialien von Bett, Küchenblock und Esstisch sind alle Oberflächen weiß lackiert und durch breite Fugen, die zugleich als Eingriffleisten zum Öffnen dienen, gegliedert. Sie fügen sich chamäleonartig zwischen die ebenfalls weißen Wandoberflächen ein, an deren Stelle sie in vielen Bereichen treten. Neben den beiden Nussbaumöbeln wird somit der Part der Farbgebung ganz dem markanten Fußboden aus großformatigen Kalksteinplatten (Grigio Oriente) überlassen.

Fotografien: Autor

oben links: Blick aus dem Schlaf-Arbeitszimmer Richtung Küche: rechts die sich durchs ganze Haus ziehende Schrankwand mit dem Einschnitt der Eingangstür, links weitere Schränke, im Hintergrund der Balkon.

oben: In der Küche wurden mehrere kleine Regale oberflächenbündig in die Wände eingelassen, so auch das hier gezeigte zur Aufbewahrung von Gläsern, die durch eine Glastür vor Staub geschützt werden.

Medienmöbel

Das unscheinbare, kleine Medienmöbel nimmt Ober- und Unterkante von Kamin und Holzlege auf. Seine Besonderheit liegt weniger in den Stauräumen für Medientechnik und Spirituosen, sondern vielmehr darin, dass es rückwärtig die Wand durchdringt und sich im Schlaf-Arbeitszimmer fortsetzt.

Korpusse: Holzwerkstoffplatte, 19 mm, weiße Melaminharzbeschichtung
Fronten: Holzwerkstoffplatte, 22 mm, DD-Lackierung
Maße (l x h x t in cm): 240/45/45

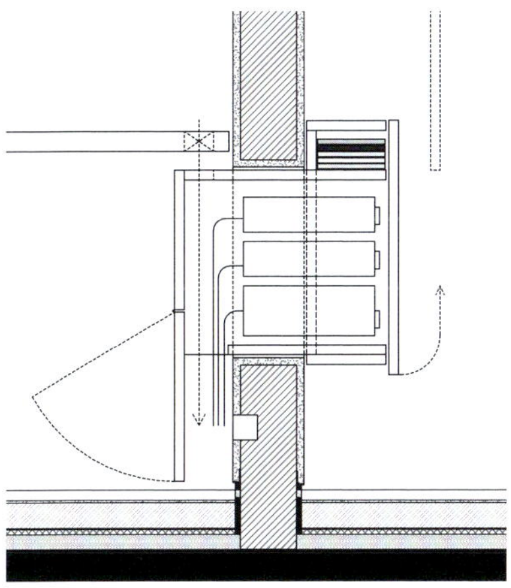

Querschnitt

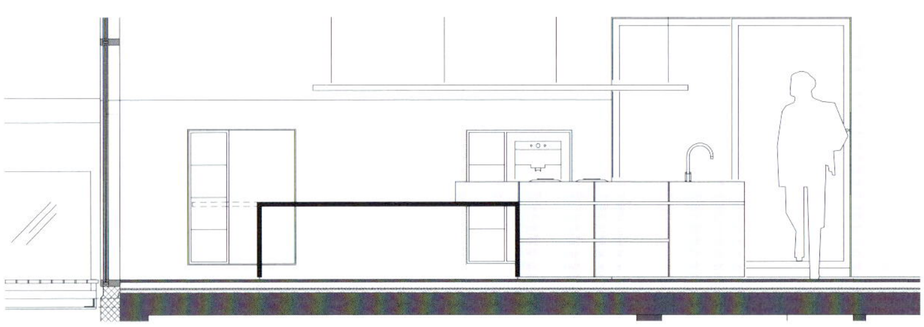

Ansicht

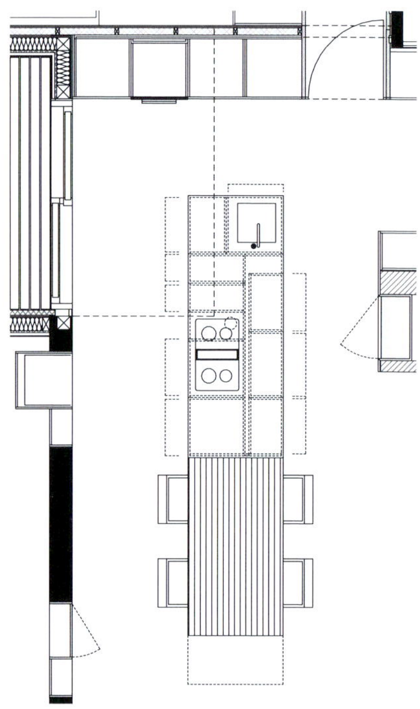

Horizontalschnitt

Küchenblock mit Esstisch

Frei stehende Küchenblöcke mit integriertem Essplatz sind en vogue. Meist liegt dabei entweder eine Frühstückstheke teilweise auf dem Küchenblock auf oder der Block auf einem Esstisch. Hier hat dieses sonst oft rein formale Überkragen eine Funktion erhalten: Isst das Bauherren-Paar allein, kann der Tisch ein Stück weit unter den Küchenblock geschoben werden, sodass die Großzügigkeit des Raumes erhalten bleibt. Kündigt sich Besuch an, wird der Tisch einfach herausgezogen und bietet Platz für bis zu sechs Personen.

Küchenblock
Korpusse: Holzwerkstoffplatte, 19 mm, weiße Melaminharzbeschichtung
Fronten: Holzwerkstoffplatte, 22 mm, DD-Lackierung
Maße (l x h x t in cm): 270/88/100

Tisch
Konstruktion: Nussbaum massiv, geölt
Maße (l x h x t in cm): 240/70/100

Bett im Erker

Das Doppelbett ist wohl eines der ungewöhnlichsten Möbel, die in diesem Buch vorgestellt werden. Über eine Erkerkonstruktion schiebt sich der Bettkopf aus der Fassade, wobei Bett, Erker und die darin befindliche Ablagefläche eine Einheit in gleicher Materialität bilden. Die Erkerauskleidung wächst dabei nahtlos aus der Bettumrandung. Die zu zwei Seiten eingelassenen Fenster sind mit einer rahmenlosen Festverglasung ausgeführt, zum Lüften des Raums dient eine bündig eingefügte Klappe in der geschlossenen Rückseite.

Konstruktion: Holzwerkstoffplatte, 28 mm, Nussbaumfurnier
Maße (l x h x t in cm): 275/30/210, lichte Höhe Erker: 120 cm

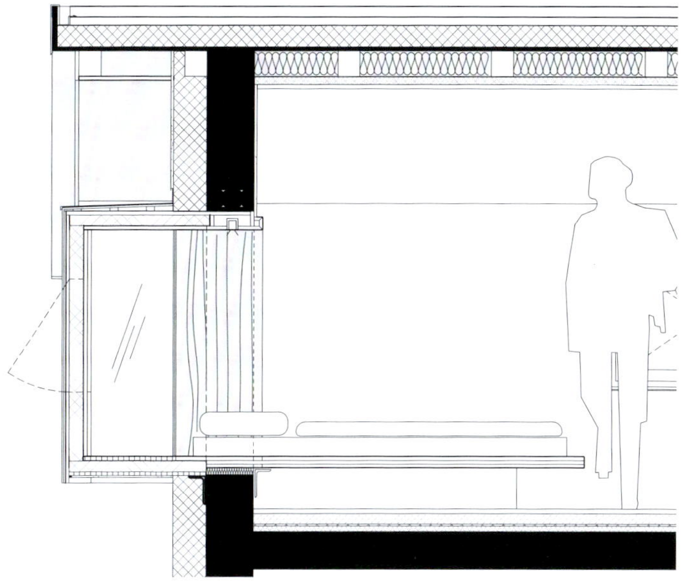

Querschnitt

Komplettausbau eines Einfamilienhauses

Kaminregale // Einbauschrank im Gang // Garderobenschrank // Ablagetischchen // Einbauten Kinderzimmer // Kleiderschrank als Bettkopf // Schrankbett

Entwurf Innenausbau: raumkontor, Andrea Weitz und Jens Wendland

Die Architekten des Innenausbaus gestalteten auch die Eingangstür.

Das großzügige Einfamilienhaus stand bereits im Rohbau, als die Planer des Büros raumkontor mit der Gestaltung des Innenausbaus beauftragt wurden. Das von den Architekten Schröder Stichs Volkmann [ssv] entworfene Haus nimmt den klassischen Villentypus in modernisierter Form auf: Auf der Eingangsebene, einige Stufen über Straßen- und Gartenniveau, folgt auf ein großzügiges Entree eine Neuinterpretation der traditionellen Wohnraumflucht. Bestand diese einst beispielsweise aus Speisezimmer, Kaminzimmer und Bibliothek, so wurden diese Bereiche hier zu einem großen, ums Eck geführten Raum mit offener Küche verschmolzen und über eine Galerie mit dem Obergeschoss verbunden.

Die Erschließung der oberen Räume erfolgt dabei ganz traditionell über eine zweiläufige Treppe vom Entree aus. Zur einen Seite der Galerie findet sich der Schlafbereich der Eltern, zur anderen die beiden Kinderzimmer mit dazwischenliegendem eigenem Bad. Im Souterrain sind unter anderem ein Gästezimmer und die Sauna untergebracht. Nahezu im gesamten Haus wurde ein Boden aus massivem Doussieholz verlegt.

Der Innenausbau

Neben der durchgängigen Ausstattung mit überwiegend eingebauten Möbeln vom Gästezimmer im Souterrain über den Wohnbereich bis hin zu den Kinder- und Schlafzimmern im Obergeschoss, umfasst der Innenausbau Elemente wie die Haustür und Innentüren, die Sauna und die Bäder. Viele Elemente sind unkonventionell und prägnant, ohne aufgesetzt zu wirken. Das zeigt sich schon im Entree, wo den Eintretenden vier Ablagetischchen mit je einer Schlüsselschublade empfangen, von den Bauherren vor einem Wandbehang arrangiert.

Linker Hand befindet sich die Garderobe, deren Schiebetür wahlweise den schrankartigen Bereich darunter oder alternativ die Kindergarderobe daneben verdeckt.

Vom Eingang führt eine repräsentative Doppelflügeltür zentral in den Wohnraum. Ganz nach klassischem Vorbild kann der Blick hinter der Doppelflügeltür durch den Wohnraum und seine hochformatigen, bodentiefen Einzelfenster über die Terrasse und von dort in den tiefer liegenden Garten schweifen. Während bei ähnlichen Ausbaukonzepten der Wohnbereich meist einen Schwerpunkt bildet, finden sich hier kaum individuelle Möbel. Das ist im Wesentlichen auf die betont luftige Möblierung des Raumes zurückzuführen: Eine zentrale Essgruppe, ein großes Sofa, mehr nimmt man zunächst nicht wahr – Möbel also, die selten individuell gebaut werden. Vor der linken Schmalseite wurde die Küche mit frei stehendem Block offen in den Raum integriert.

Den ums Eck angeordneten Bereich mit Bibliothek und Beamer trennt ein allseits frei stehender Kamin mit Sichtfenstern an beiden Längsseiten ab. An den beiden Schmalseiten, zu den Durchgängen hin, wurden nach einem Entwurf von raumkontor Regale in den Kaminkubus eingelassen. Die in unterschiedlichen Abständen angeordneten Böden werden abwechselnd rechts und links durch Seitenteile verbunden, sodass jeweils eine mäandrierende Gesamtform entsteht.

Weit mehr als nur Erschließungsfläche: die Empore bietet Sitzgelegenheiten und dient als Musikecke; in die Wand ist ein kleines, beleuchtetes Regal mit Glasboden eingelassen.

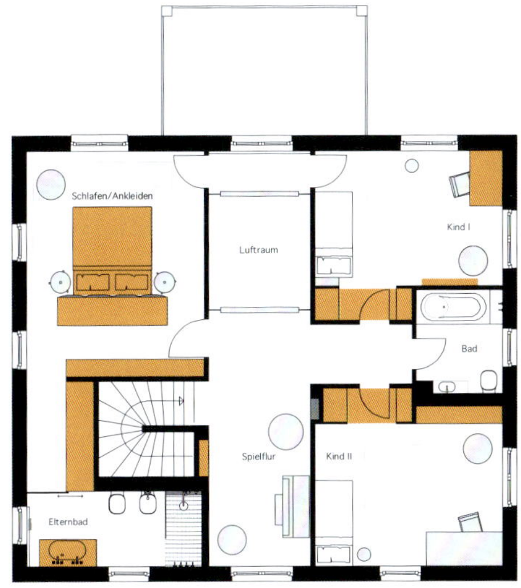

Obergeschoss

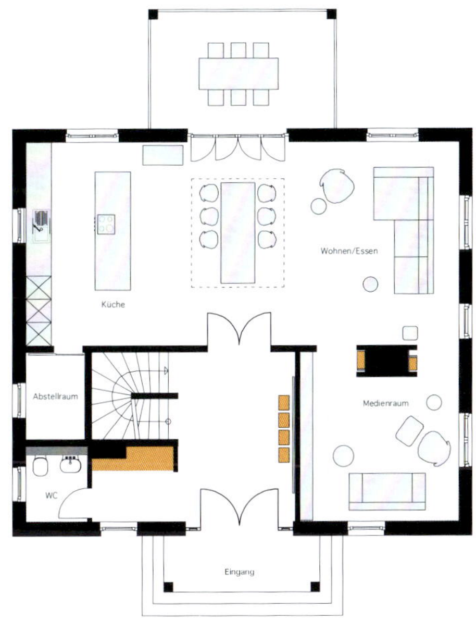

Erdgeschoss

Souterrain

Im Obergeschoss führt der Treppenaustritt zunächst auf ein kleines, in die Wand eingelassenes Regal zu, über dessen geschlossenem Unterteil eine Handvoll Bücher oder Accessoires Platz finden.

Das Elternschlafzimmer wird dominiert und gegliedert von einem frei im Raum stehenden Schrank, dessen stoffbespannte Rückseite als Kopfteil für das Bett dient. Den Schranktüren gegenüber erstreckt sich ein langes Sideboard zur Wäscheaufbewahrung, sodass ein von der Zimmertür zum Fenster führender Gang mit dem Charakter eines begehbaren Kleiderschranks entsteht. Dieser wird ums Eck herum fortgeführt, wo die linke Seite auf ganzer Höhe und Breite von einem weiteren Einbauschrank eingenommen wird. Das Bad lässt sich durch eine Ganzglas-Schiebetür klimatisch abtrennen. Es wird insbesondere geprägt vom Doppelwaschtisch aus Doussieholz, der die gesamte Rückseite einnehmenden bodengleichen Dusche mit Glasmosaikbekleidung und einem eleganten Heizkörper mit Handtuchtrockenstange.

In den Kinderzimmern rahmen schmale Kleiderschränke mit Schiebetüren, deren kreisrunde Eingriffe das durchgängige Motiv aufnehmen, die Eingangstüren. In beiden Zimmern finden sich Schreibtische (Egon Eiermann), von den Innenarchitekten ergänzt um eine Tasche für Bücher oder Spielsachen, die in einen auf nahezu gesamter Breite eingesägten Schlitz eingehängt wurde. Im Zimmer des Jungen gibt es außerdem ein vor die Wand gehängtes Regal aus einzelnen, nach vorne offenen Kuben unterschiedlicher Größe. Das Mädchenzimmer hat zusätzlich ein Möbel mit Stauraum für Kleidung, auch in Schubfächern, sowie ein offenes Regal bekommen.

Das Gästezimmer im Souterrain zeigt sich als weitgehend freier, vielfältig nutzbarer Raum mit einem schlichten weißen Einbauschrank, aus dem ein Doppelbett herausgeklappt werden kann. Feine gestalterische Details unterscheiden auch dieses Möbel von funktional vergleichbaren Standardprodukten.

Nebenan befindet sich der großzügige Saunabereich, gegliedert durch eine Wandscheibe mit einer Oberfläche aus dem im ganzen Haus immer wieder anzutreffenden Doussieholz. Sie trennt die Erschließungszone von der Saunakabine und fasst einen Teil der großen begehbaren Dusche.

Fotografien: Autor

Zwei versetzt aneinandergefügte Winkel – einer mit Glasmosaik-Oberfläche, einer in Holz – zonieren den Saunabereich.

Die Küche an der Schmalseite des Wohnraums mit frei stehendem Kochblock.

Blick vom Essplatz zum Eingangsbereich: Klinke und Schlossrosette der Doppelflügeltür werden durch einen Rücken aus dunklem Doussieholz gefasst. Der Tür-Mittelfalz verspringt um die Holzeinlage herum stufenförmig.

Die Garderobe, deren Schiebetür wahlweise den schrankartigen Bereich mit Kleiderstange, Einlegeböden und Schuhregal oder die Kindergarderobe verdeckt. Der tellergroße Eingriff findet sich in ähnlicher Form an den anderen Schranktüren des Hauses wieder.

Der Wohn-Ess-Bereich mit Luftraum zum Obergeschoss; rechts die geöffnete Tür zum Eingangsbereich.

Kuben unterschiedlichen Formats wurden im Kinderzimmer des Jungen zum Regal kombiniert.

In den Einbauschrank zwischen Schlafraum und Bad wurden in einer Ecke Auszüge mit dunkel kontrastierenden Fronten eingelassen. Sie sind aus massivem Holz gefertigt, die Ecken über Zinken verbunden.

Kaminregale

In beide Schmalseiten des ringsum frei stehenden Tunnelkamins sind dunkel gehaltene Regale eingelassen. Als unregelmäßiges Ebenholz-Mäanderband haben sie eine ornamentale Wirkung, die sich je nach Nutzung des Regals beliebig variieren lässt.

Rückwand und Regal-Mäanderband: Holzwerkstoffplatte, Makassar-Ebenholz-Furnier Brauntyp, seidenmatt lackiert
Maße (l x h x t in cm): 55/226/35

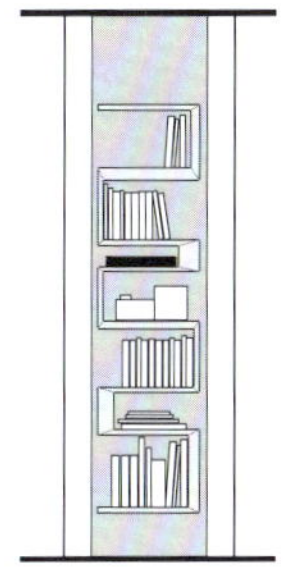

Ansicht

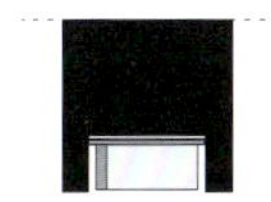

Horizontalschnitt

Einbauten Kinderzimmer

Das Zimmer des Mädchens erhielt durch einen komplexen Einbau neue Proportionen: beidseits der Tür wurden schmale Kleiderschränke angeordnet, deren Schiebetüren zum Durchgang zwischen ihnen orientiert sind. Ihre Schmalseiten werden vom Raum aus als Wandoberflächen wahrgenommen – auch dank einer Blende oberhalb des Durchgangs, die sich als abgehängte Decke zwischen den Schränken fortsetzt. Rechts der vermeintlichen Wandoberfläche schließt ein zum Raum orientierter Einbauschrank an, an diesen wiederum ein Regal mit Einlegeböden und einigen Schubladen.

Korpusse: Holzwerkstoffplatte, Laminatbeschichtung
Fronten: Holzwerkstoffplatten, 25 mm, weiß seidenmatt lackiert, Eingrifflöcher der Schiebetüren im selben Material hinterlegt
Maße (l x h x t in cm): 210/260/42

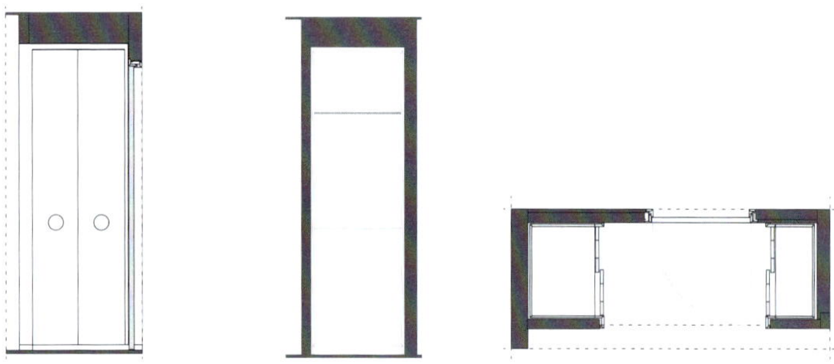

Ansicht Kleiderschrank Vertikalschnitt Horizontalschnitt

Kleiderschrank als Bettkopf

Das Elternschlafzimmer wird dominiert und gegliedert von einem frei im Raum stehenden Schrank, dessen stoffbespannte Rückseite als Kopfteil für das Bett dient. Den Schranktüren gegenüber erstreckt sich ein langes Sideboard zur Wäscheaufbewahrung, sodass ein von der Zimmertür zum Fenster führender Gang mit dem Charakter eines begehbaren Kleiderschranks entsteht. Allerdings wahrt die Möbeloberseite einen deutlichen Abstand zur Decke, sodass von der Seite des Bettes aus der Raum als Ganzes erkennbar bleibt und Bett mit Schrank als eingestelltes Möbel wahrgenommen wird.

Korpusse: Holzwerkstoffplatte, farbig seidenmatt lackiert; Stoffpolsterung auf der Bettseite; integriertes Bücherregal; integrierte Beleuchtung, integrierte Lautsprecher
Fronten: Holzwerkstoffplatten, 25 mm, farbig seidenmatt lackiert, Grifflöcher mit Stoff hinterlegt
Maße (l x h x t in cm): 266/222/67,5

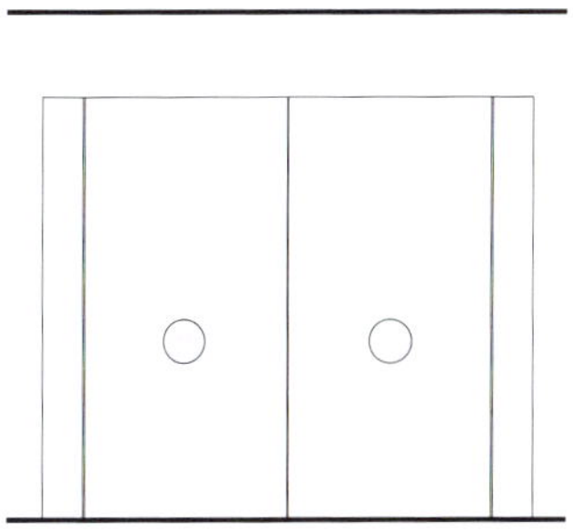

Ansicht Schrankseite

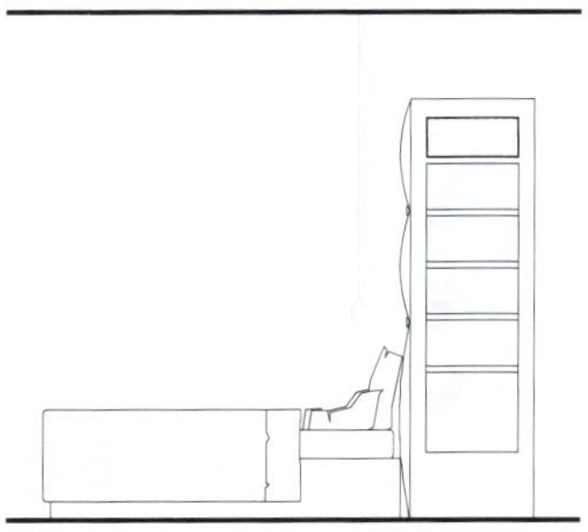

Vertikalschnitt

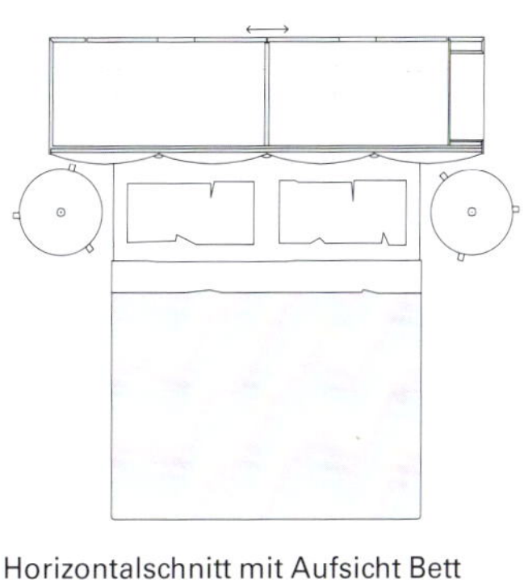

Horizontalschnitt mit Aufsicht Bett

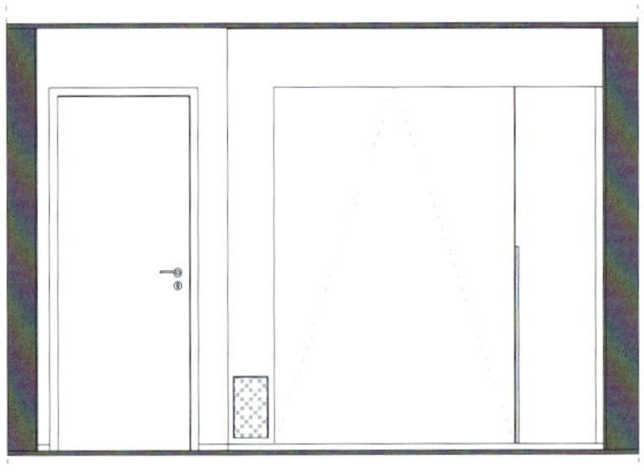

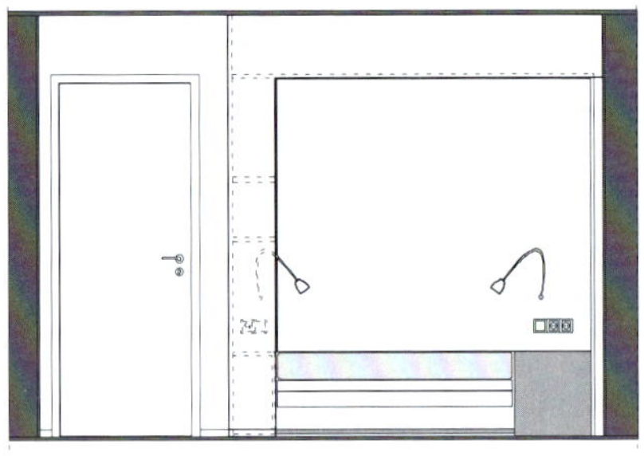

Ansichten

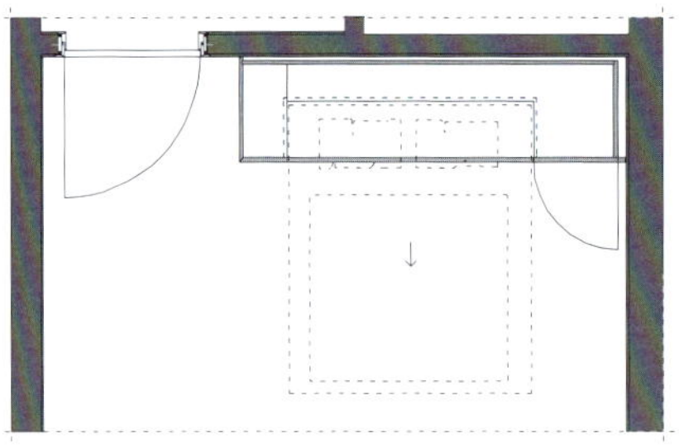

Horizontalschnitt

Schrankbett

Um das Gästezimmer auch anderweitig nutzen zu können, wurde hier ein aus dem Schrank klappbares Bett angeordnet. Dank weißer, von Boden bis Decke reichender Fronten nimmt es sich so weit wie möglich zurück, und der Raum scheint fast unmöbliert zu sein. Details wie die schmale Seitentür, hinter der sich ein Nachttisch mit Beleuchtung verbirgt, oder integrierte Lautsprecher unterscheiden das Möbel von ähnlichen Serienprodukten. Seine weiß lackierten Oberflächen sind mit den anderen Möbelfronten des Innenausbaus identisch.

Korpusse und Fronten: Holzwerkstoffplatten, seidenmatt weiß lackiert, integrierte Beleuchtung, integrierte Lautsprecher
Maße (l x h x t in cm): 229/249/60

Innenausbau einer modernen Walmdachvilla

Kaminbank // Küchenblock und -schränke // Esstisch // Sideboard // **Essplatz** // Garderobenausbau // **Doppelbett** // **Ankleide**

Entwurf: raumkontor, Andrea Weitz und Jens Wendland // Ausführung: Wiedemann Werkstätten (Erdgeschoss); Schreinerei Lemmer (Obergeschoss)

Auf einem großzügigen Hinterliegergrundstück wurde 1998 eine zweigeschossige Walmdachvilla in klassischer Architektur errichtet. Auf den ersten, flüchtigen Blick würde man die Entstehungszeit des Hauses mit kleinteilig gegliederten Fenstern und Klappläden im Obergeschoss irgendwann zwischen 1920 und 1970 vermuten. Dem äußeren Erscheinungsbild entsprach stilistisch die innere Gestaltung der etwa 800 Quadratmeter Wohnfläche, was die neuen Eigentümer nicht überzeugte. So kam es zu einer grundlegenden Umgestaltung, die von vielen individuell entworfenen Möbeln geprägt ist.

Die überdurchschnittlich große Wohnfläche verteilt sich hier nicht auf besonders viele, sondern auf besonders voluminöse Räume. Das Erdgeschoss nimmt überwiegend ein weitläufiger Wohnbereich ein, der sich in Essplatz und Kaminecke aufteilt. Zwei Türen verbinden ihn mit einem deutlich kleineren Fernsehzimmer. Am Essplatz schiebt sich die Küche auf Durchgangsbreite in ihn hinein. Ein Wanddurchbruch übereck verbindet beide Räume und ermöglicht eine Blickbeziehung, die sich bei Bedarf durch ein raumhohes Schiebeelement aus satiniertem Glas unterbrechen lässt.

An die Küche schließt unmittelbar eine Vorratskammer an, für alltägliche Familienmahlzeiten gibt es eine bequeme Sitzecke. Durch eine Verbindungstür gelangt man zum Garderobenraum und weiter ins Entree, ohne den Umweg durch den Wohnraum. Von dort führt die Treppe, die sich dreiläufig um einen Aufzug legt, ins Obergeschoss mit den Schlafzimmern und Bädern der Familie. Im Dachgeschoss stehen Räume für Gäste zur Verfügung.

Der Innenausbau

Die von den Architekten der Neugestaltung entworfenen Möbel sind teilweise fest eingebaut, teilweise stehen sie frei beweglich im Raum. Gemeinsam sind ihnen die den Raumvolumina entsprechenden wuchtigen Dimensionen, die stets in einer klaren, schwungvollen Form gefasst werden. Einige der Stücke wirken wie mit einer einzigen dreidimensional im Raum mäandrierenden Linie gezeichnet, was ihnen trotz durchgängig kubischer Formen eine organische, hoch ästhetische Lebendigkeit verleiht.

Dies gilt besonders für das in Wenge gefertigte Doppelbett im Schlafzimmer, in dessen Korpus mit Kopfteil die Nachttische und zu Füßen eine Buchablage integriert wurden.

In Wengefurnier ausgeführt sind auch die offenen Schrankkorpusse im begehbaren Kleiderschrank. Sie stehen zu beiden Seiten eines auf ein bodentiefes Fenster zuführenden Mittelgangs, der über eine zweiflüglige, satinierte Glasschiebetür von der Ankleide aus erreicht wird.

Ebenfalls offene Kleiderstangen finden sich im Garderobenraum. Sie sind hier jedoch mit einem geschlossenen Schrank kombiniert, der eine komplette Raumseite einnimmt. Hinter seinen drei bis zur Decke reichenden Türen aus Mineralwerkstoff, öffenbar über vertikale Eingriffsschlitze, verbergen sich konventionelle Einlegeböden. Unter jeder der Türen befinden sich drei breite, niedrige Schubladen.

Aus Mineralwerkstoff besteht auch der Waschtisch in der Gästetoilette nebenan. Die gesamte Raumtiefe durchziehend, bietet er eine großzügige Ablagefläche für Seife und Handtücher sowie einen Durchwurf in einen Schmutzwäschekorb.

Auch in der Küche bestehen die Fronten der rückwärtigen Hochschränke teilweise aus Mineralwerkstoff. Gleiches gilt für die Schiebetür zur Vorratskammer. Im Übrigen fand hier Edelstahl als Oberflächenmaterial für Fronten und Arbeitsplatten Verwendung. So ist der

Erst um das Jahr 2000 erbaut, gibt sich das Haus nach außen im klassischen Villenstil.

Küchenblock mit Spüle, Herd und neun großen Schubladen zu jeder Seite ganz in dieses Material gekleidet, ebenso der ihn rahmende »Baldachin« aus den Fronten der Elektrogeräte und dem von der Decke abgehängten Abluft- und Beleuchtungspaneel. Ebenfalls in Edelstahl ausgeführt ist die seitlich angeordnete Küchenzeile mit einer weiteren Arbeitsplatte und den beiden Spülmaschinen. Dieser Küchenzeile gegenüber befindet sich ein kleiner Einbauschrank mit Wandnische, in Weiß gehalten, die die Kaffeemaschine aufnimmt. Diese steht somit beinahe in Griffweite des aus Eiche gefertigten Familienessplatzes. Vor der in Lamellenoptik gehaltenen, zwischen die beiden Seitenwände eingespannten Sitzbank schwebt die Tischplatte, die aus einer wiederum weißen Schrankwand auskragt. Sie wirkt wie aus einer offenen, beleuchteten Nische der Schrankwand ausgeklappt und gewinnt dadurch optisch nochmals an Leichtigkeit.

Den Durchbruch der Wand zwischen Küche und Wohnraum verschließt im unteren Bereich ein dem großen Essplatz zugehöriges Sideboard mit weiß lackierten Oberflächen. Auf der zur Küche hin offenen Seite des Möbels ist ein zweiter Backofen integriert.

Abgestimmt auf die Dimensionen des Raums, planten die Architekten auch den Esstisch. Seine dicke, schnörkellose Tischplatte mit Eichenfurnier-Oberfläche hängt in zwei schlichten U-förmigen Edelstahlfüßen. Bündig eingelassen in die Seiten der Tischplatte, laufen sie bis zu deren Oberfläche durch. An der anderen Seite des Raums wird der ins Fernsehzimmer durchgeführte Tunnelkamin gerahmt von einer Blende aus warm gewalztem Stahl. Diese setzt sich übereck fort in einer schlichten Kaminbank gleicher Materialität, belegt mit einer flachen Filzauflage.

Neben den Möbeln wurden auch die im geöffneten Zustand bündig einklappbaren raumhohen Türen zwischen Wohnraum und Fernsehzimmer sowie die asymmetrisch geteilte Doppelflügeltür zum Entree von den Architekten geplant.

Fotografien: Autor

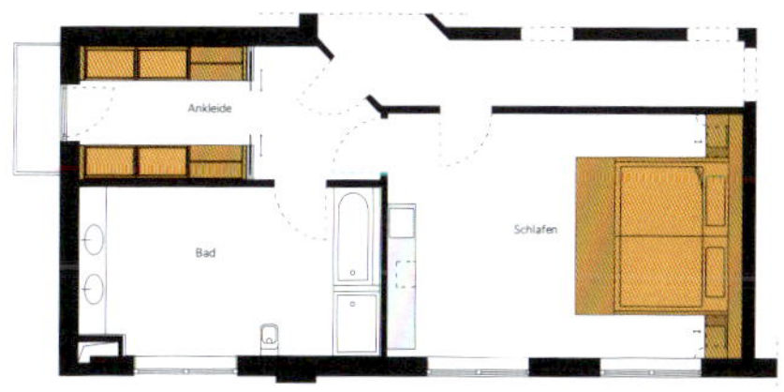

Erstes Obergeschoss (Ausschnitt)

Erdgeschoss

linke Seite
oben links: Blick durch die Garderobe in die Küche; rechts der geschlossene Garderobenschrank, links im Anschnitt die frei hängende Kleiderstange.

oben rechts: Auch das Gäste-WC wurde in das Konzept des Innenausbaus miteinbezogen, entlang des gesamten Raums erstreckt sich der Waschtisch mit Ablage und Handtuchdurchwurf.

unten: Aus der Stahlblende des Kamins faltet sich übereck eine Sitzbank heraus. Im Hintergrund der Fernseh- und Bibliotheksraum, die beiden Durchgänge lassen sich mit Türen schließen.

oben: Der Entwurf überzeugt mit vielen sorgfältig gearbeiteten Details, hier etwa die Einbindung des Tischfußes in die Platte des Esstischs.

unten: Der Wohn-Essraum in der Gesamtübersicht: vorn der von den Architekten entworfene Esstisch, dessen weit ausladende Platte auf zwei bügelförmigen Edelstahlfüßen ruht, rechts das Sideboard zur Küche, hier mit geschlossenem Glas-Sichtschutz.

Essplatz

Im Vergleich zu den für ein Wohnhaus enorm weitläufigen übrigen Räumen gibt sich der kleine Essplatz in der Küche bescheiden. Zu dieser Zurückhaltung passt seine reduzierte Ausgestaltung: Die zweiseitig rahmenden Einbauschränke ergänzen mit ihren weißen Oberflächen Wände und Decken, die frei auskragende Tischplatte scheint aus einer rückwärtig mit Holz bekleideten Nische herausgeklappt worden zu sein. Mit ihrer Lehne aus Holzlamellen wirkt die Sitzbank, die die gesamte Fensterfront einnimmt, puristisch mit rustikalem Touch.

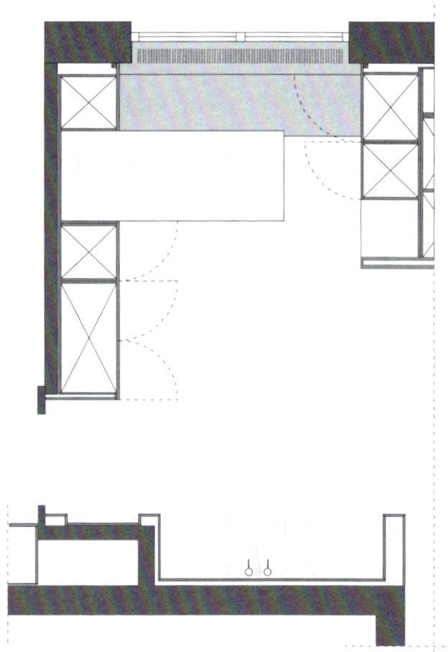

Horizontalschnitt

Hochschrank
Korpusse: Holzwerkstoffplatte, Laminatbeschichtung
Fronten: Holzwerkstoffplatte, seidenmatt weiß lackiert
Maße (l x h x t in cm): 300/280/65

Bank und Tisch
Konstruktion: Eiche massiv, geölt
Maße (l x h x t in cm): 214/72/80

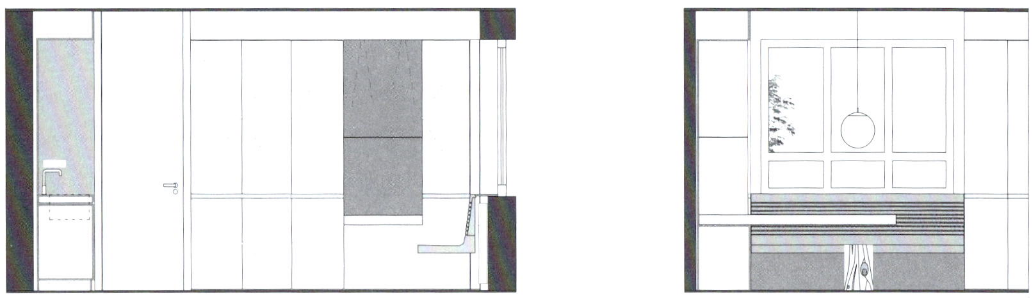

Vertikalschnitte

rechts: Die Wandscheibe zwischen Essplatz und Küche setzt sich in einem schwebend wirkenden Sideboard fort. Zur Küche hin wurde hier ein zweiter Backofen eingefügt, an der Deckenschiene lässt sich ein Sichtschutz aus satiniertem Glas herausschieben.

ganz rechts: Der ganz in Edelstahl gehaltene Küchenblock wird baldachinartig von Abzugshaube und Beleuchtung überdacht – eine imposante Erscheinung.

Aufsicht

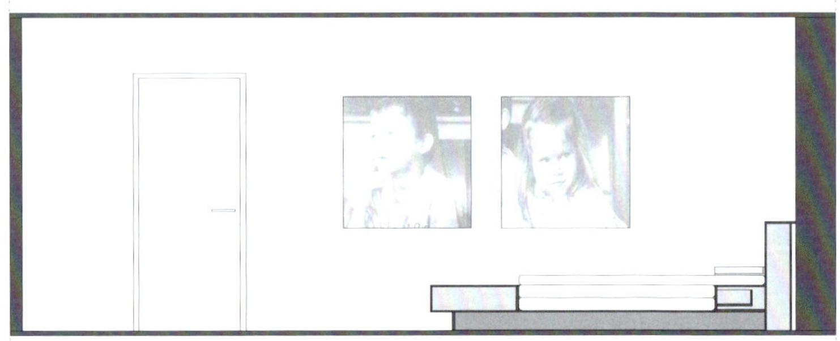

Schnitt

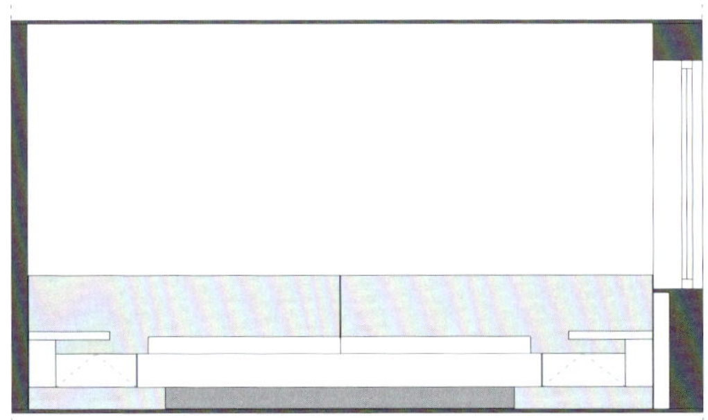

Ansicht

Doppelbett

Die Elemente des Betts mäandrieren durch den Raum und beschreiben so ein einheitliches Volumen, aus dem sich Funktionen wie die beidseitigen Nachttische oder die Bücherablage zu Füßen ganz selbstverständlich entwickeln.

Konstruktion: Holzwerkstoffplatte, Wengefurnier, seidenmatt lackiert
Maße (l x h x t in cm): 300/40/294

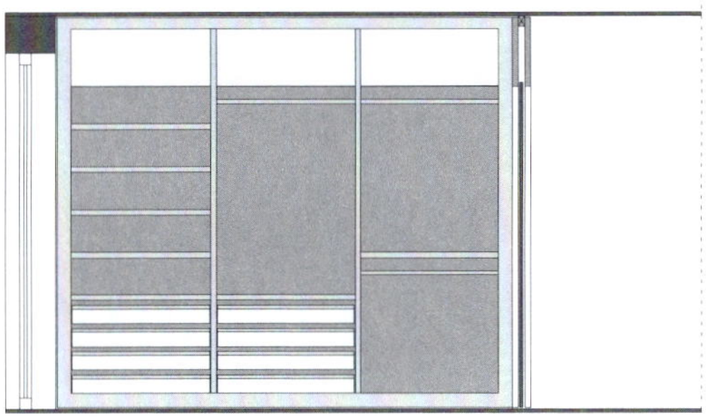

Vertikalschnitt

Horizontalschnitt

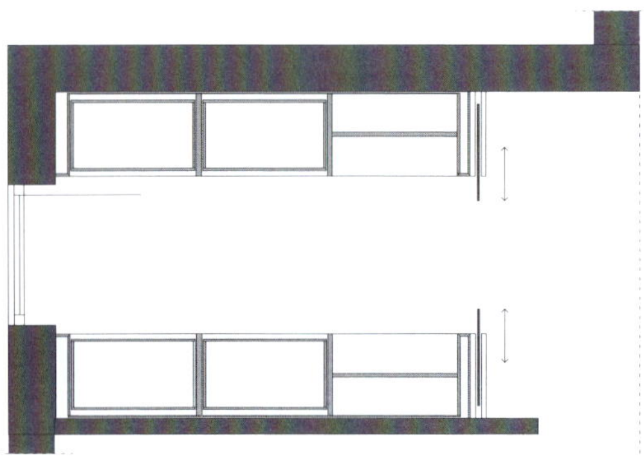

Ankleide

Die Ankleide besteht genau genommen aus einem begehbaren Kleiderschrank und einem größeren Vorraum, der zugleich als Verteiler in Bad und Schlafzimmer dient. Durch gegenläufige Schiebetüren aus satiniertem Glas lässt sich der Schrankraum schließen. Sein Inneres mit Kleiderstangen, kleinteiligen Fächern für Wäsche und Hemden sowie Schubladen im unteren Bereich ist wie das Bett in Wenge gehalten. Im Vorraum findet sich zudem eine praktische Kofferablage.

Korpusse: Holzwerkstoffplatte, Wengefurnier, seidenmatt lackiert
Schubladenfronten: satiniertes Glas
Garderobenstangen und Flachteiler: Edelstahl
Maße (l x h x t in cm): 333/275/65 je Raumseite

Adressen

Architekten

architektur+raum
Steufzger Straße 33
87435 Kempten
www.architekturplusraum.de

Berschneider+Berschneider
Architekten + Innenarchitekten BDA
Hauptstraße 12
92367 Pilsach / Neumarkt
www.berschneider.com

Matthias Bjørnsen Architekt
Centa-Herker-Bogen 38
80797 München
www.matthiasbjoernsen.net

Brenner Architekten
Christoph Brenner
Dipl.-Ing. Architekt Stadtplaner
Jahnstraße 46
80469 München /
Jenaer Straße 15
10717 Berlin
www.brennerarchitekten.com

Gassner & Zarecky
Architekten und Ingenieure
Partnerschaft BDA
Maiglöckchenweg 16
85521 Riemerling
www.gassner-zarecky.de

Herkrath + Bogatzki
Architekten + Ingenieure GbR
Lochnerstraße 48
52064 Aachen
www.herkrath-bogatzki.de

Doris Heym
Heym Göggel Heym Architekten
Wacholderweg 2
85521 Ottobrunn

Holzrausch Planung
Nina Schreiber, Tobias Petri, Sven Petzold
Gewerbering 14
85659 Forstern
www.holzrausch.de

Nieberg Architect
Dipl.-Ing. Architekt Axel Nieberg
Waterloostraße 1
30169 Hannover
www.nieberg-architect.de

raumkontor
Dipl.-Ing. Andrea Weitz,
Prof. Dipl.-Ing. Jens Wendland
Oberrather Straße 12
40472 Düsseldorf
www.raumkontor.com

Innenarchitektur Möbeldesign
Dipl.-Ing. (FH) Innenarchitekt
Ekkehard Schröer
Wesselswerth 6
45239 Essen
www.ekkehardschroeer.de

Unterlandstättner Architekten
Holzstraße 7
80469 München
www.u-architekten.de

Schreiner

Kunsttischlerei ALRO GesmbH
Alf Mairunteregger
Dandlerau
A-6391 Fieberbrunn / Tirol
www.kunsttischlerei-alro.at

Schreinerei Gehlich
Siegfried Gehlich
Tunnelstraße 5a
45357 Essen
tischlerei.gehlich@cneweb.de

Gleißner GmbH
Schreinerei & Innenausbau
Eckstraße 20
93474 Arrach
www.gleissner-gmbh.com

Guttenberger Maximilian jun. Tischlerei
Regensburger Straße 12 A
93326 Abensberg
kontakt@maximilian-guttenberger.de

Holzrausch GmbH
Gewerbering 14
85659 Forstern
www.holzrausch.de

Hommel Küchen- & Möbelmanufaktur
GmbH
Eschenstraße 6
08468 Reichenbach im Vogtland

Jokisch Bauausführung
Trarbacher Straße 3
13088 Berlin
Jokisch-bau@web.de

Tischlerei Krüger GmbH
Industriestraße 7
31061 Alfeld
www.tischlereikrueger.de

Schreinerei Lemmer
Am Wirthsfeld 29
88319 Aitrach
www.schreinerei-lemmer.de

OH!
Oskar Hoffmann Bau- und
Möbelschreinerei GmbH
Fischersäge 1
87466 Oy
www.oskarhoffmann.de

Schreinerei Streb
Sollngriesbacher Straße 9/11
92334 Berching

Wiedemann Werkstätten
Anton Wagner Straße 9
89420 Höchstädt
www.wiedemann-werkstaetten.de

Fotografen

Christine Dempf Fotodesign
Auenstraße 98
80469 München

Michael Heinrich
Hachinger Bach 27
81671 München
www.mhfa.de

Florian Holzherr
Seitzstraße 8
80538 München
www.Architekturfoto.net

K+W Fotografie
Schliemannstraße 17
10437 Berlin
www.kundw.org

Andreas Kellner
c/o Gassner & Zarecky
(Adresse siehe Architekten)

Johannes Kottjé
www.kottje.de

Sebastian Runge
Boxhagener Straße 177
10245 Berlin
www.sebastian-runge.com

Hermann Rupp
Albert-Einstein-Straße 6
87439 Kempten
www.rupp-fotografie.de

Erich Spahn
Sommer+Spahn
Untere Nabburger Straße 5
92224 Amberg

Peter Stockhausen
Lenbachstraße 37
45147 Essen
www.peter-stockhausen.de